世纪波
Century Wave

情景案例
设计和开发

闻祥◎著

電子工業出版社
Publishing House of Electronics Industry
北京 · BEIJING

图书在版编目（CIP）数据

情景案例设计和开发 / 闻祥著. —北京：电子工业出版社，2018.8
ISBN 978-7-121-34889-1

Ⅰ. ①情… Ⅱ. ①闻… Ⅲ. ①企业管理－案例 Ⅳ. ①F272

中国版本图书馆 CIP 数据核字(2018)第 184707 号

策划编辑：晋　晶
责任编辑：杨洪军
印　　刷：北京虎彩文化传播有限公司
装　　订：北京虎彩文化传播有限公司
出版发行：电子工业出版社
　　　　　北京市海淀区万寿路 173 信箱　邮编 100036
开　　本：720×1000　1/16　印张：15.75　字数：188 千字
版　　次：2018 年 8 月第 1 版
印　　次：2020 年10月第 7 次印刷
定　　价：65.00 元

凡所购买电子工业出版社图书有缺损问题，请向购买书店调换。若书店售缺，请与本社发行部联系，联系及邮购电话：（010）88254888，88258888。
质量投诉请发邮件至 zlts@phei.com.cn，盗版侵权举报请发邮件至 dbqq@phei. com.cn。
本书咨询联系方式：（010）88254199，sjb@phei.com.cn。

推荐序一

企业案例研究：智慧与价值

1978 年中国开始实施改革开放战略，至今已经整整 40 年。在这 40 年间，中国社会主义市场经济体制基本建立，国民经济健康快速发展，社会生活各个层面都发生了翻天覆地的变化。

企业是市场经济的基础，企业改革是中国经济改革的重要组成部分。在经济改革顶层设计指引下，广大企业人将国际企业治理结构和管理经验与中国具体情况相结合，积极探索，勇于创新，在推动改革、促进增长的同时，积累了大量具有中国特色的企业典型案例。

多年来，中国银行国际金融研修院高度重视中国企业典型案例的开发研究和教学推广工作。作为研修院案例研究中心主任，本书作者曾多次深入基层采集典型案例，每年定期组织企业案例的编写研究和交流教学活动。这本书便是作者多年来从事企业案例研究与教学工作辛勤劳动的成果。

我认为本书具有三个鲜明特点。

一、紧密结合中国企业改革与管理的实践，挖掘情景案例的内在价值

与国外商学院使用的许多教学案例不同，中国企业所处的环境有两个大背景：一是，中国经济体制经历了从计划经济到市场经济的重大变革。二是，在经济快速增长的同时，中国的产业结构也发生了很大的变化。在大变革的时代，如何抓住机遇，在激烈的竞争中生存发展，这是每个中国企业所面临的严峻挑战。作者从中国企业，特别是金融企业的典型案例入手，深入分析研究，揭示出了中国典型情景案例的核心要素和价值。

二、内容翔实，结构严谨

企业案例业务跨度大，涉及面宽。例如，企业治理结构的改革与完善，管理流程的创新与升级，新技术与产品的开发与应用，海外市场的开发及风险控制，等等。作者紧紧围绕情景案例的核心环节来展开：从实践层面到理论层面，从具体的案例情景到逻辑和价值，从典型案例的编写到批量开发和推广。由此及彼，由表及里，环环相扣，逐步展开，内容翔实，结构严谨。

三、对企业案例的开发管理进行了系统化论述

案例学习是提高管理能力的重要渠道。能否将其制度化、规范化和系统化，从宏观角度看更具有重要和深远的意义。

本书作者从操作角度对企业案例库建设与经营、案例的科学管理，以及案例工作队伍的建设等方面都进行了具体和系统化的阐述，这是本书的另一个特点和贡献。

中国企业案例研究是一项具有重要意义的基础性工作，近年来在各方共同努力下取得了一定成绩，但是仍然远远落后于中国经济改革和开放的实践，难以满足企业发展的现实需求。我相信，本书的出版将对我国企业案例研究工作起到积极的推动作用。

王海军

北京凯恩克劳斯经济研究基金会原理事长

中国信达资产管理公司原首席风险官、原研究中心主任

2018 年 6 月

推荐序二

让案例成为一种工作方式

“让案例成为一种工作方式”——这是我在国内推广企业案例工作时讲得最多的题目。今天，我欣喜地看到又一本关于企业案例的新书问世了。这是一本关于企业情景案例工作方式的新书，凝结了作者多年来在企业案例工作领域的辛勤耕耘和认真思考，是一本值得企业案例工作者学习和参考的好书。

我们即将迎来祖国从站起来、富起来到强起来的历史性巨变。习近平总书记在党的十九大报告中指出，中国特色社会主义进入新时代，意味着近代以来久经磨难的中华民族迎来了从站起来、富起来到强起来的伟大飞跃，迎来了实现中华民族伟大复兴的光明前景。历史的车轮滚滚向前，在我国实现由“站起来”到“富起来”的历史性巨变之初，案例教学这种工商管理教学模式由中国工业科技管理大连培训中心从西方引入中国，拓展了中国厂长经理们看世界的视野。西方管理科学方法实现了企业管理的精益高效，推动了我国由计划经济向市场经济转型的历史进程。当再次站在我国由“富起来”到“强起来”历史巨变的潮头，案例教学该何去何从？我感到属于新一代教育工作者的责任扑面而来，这是一种历史使命的呼唤。

我深知案例是属于时代的记忆，我想要通过自己的笔触记录下时代的印记。为了研究中国企业案例，在中共中央组织部干部教育局的支持下，我深入广大中央和地方企业一线去调研和学习，走进众多企业大学和培训中心了解他们的实践和困惑。我深刻地认识到案例教学在企业中已经有了新的内涵和形式，案例的外延已经超出教育培训本身，成为一种企业推动业务发展和管理创新的方法。为了研究企业案例工作方法，我坚持“从实践中来、到实践中去”的认识论，以标杆企业实践为基础，总结提炼规律和方法，不断加深对企业管理的认识。面对企业案例工作者期待的目光，我感到的是沉甸甸的责任。为了帮助中国企业用案例推动工作，我这些年跑了很多企业，也帮助一些领军企业搭建了案例工作体系，推动企业案例教学实现规范化和科学化，推动企业形成总结反思、实事求是的文化氛围。

我认为企业案例工作是具有时代特色的管理现象。在社会转型期，面对着新环境、新问题，我们往往感到束手无策，很多企业管理者都处在对未知的茫然和焦虑之中。其实，破题的密码存在于企业发展历史和基层实践中，越来越多的企业选择了用案例来推动管理工作。企业案例有助于企业打造学习型组织：企业案例编写是隐性知识显性化的过程，可以帮助企业实现发展经验和知识的沉淀；企业案例征集是分散知识集中化的过程，可以帮助企业把散落在基层的管理智慧集中形成思想库；企业案例学习是企业管理者和员工知识重新建构的过程，可以帮助企业解决管理和业务经验传承和升华的问题；企业案例研究是总结新问题形成新知识的过程，可以推动企业通过标杆分析实现管理和业务创新；企业案例共享是企业知识重新分配的过程，通过各种喜闻乐见的形式将企业管理和业务知识在企业内广泛传播，让成功可以分享复制，让失败尽早预警避免。

我和闻祥因为企业案例工作而相识。那一年，我接到委托开展一项颇为棘手的研究课题，要在已有案例开发方法论的基础上，深度开发适用于金融企业高级管理者和内部讲师开展案例教学的方法论。第一次与闻祥老师见面，是一个阳光明媚的午后，我们畅谈了如何用案例推动企业管理工作。在随后的日子里，我们以哈佛案例教学法为基础，结合中国文化与教育情境，吸收借鉴近年来西方教育学领域的最新进展和工具方法，创造性地开发出一套适用于企业开展案例教学的方法论。此后几年间，我们相继合作开发了与之配套的案例教学示范课程，以及系列主题的案例教学课程。我也在帮助内部讲师把这些课程内化并融会贯通。闻祥是一个执着的人，我记得在我们的合作中有过交锋，他也是会心一笑。我常常想，人有愿意为之奋斗的事业和愿意坚持的信念也是难能可贵的一件事。闻祥把多年来在企业案例开发和教学实践中总结的经验撰写成书。这是一本货真价实的书。书里也有我们多年合作的心血汗水和难忘记忆，我愿意把这本书推荐给更多即将开始企业案例工作的同行们。

习近平总书记在庆祝中国共产党成立 95 周年大会上提出，中国共产党人“坚持不忘初心、继续前进”，就要坚持“四个自信”，即“中国特色社会主义道路自信、理论自信、制度自信、文化自信”。他还强调，“文化自信，是更基础、更广泛、更深厚的自信”。我们的文化，有东方优秀传统文化的底蕴，也有在长期的革命、建设、改革伟大实践中孕育的革命文化和社会主义先进文化，积淀了中华民族深沉的精神追求。这些年，我深入国内领军企业开发案例，采访和调研了大批企业经营管理者和一线员工，常常被他们的精神所感动：文化的千年传承已浸润国人内心，构成了中国人独特的精神世界。我越发深刻地体会到，新的时代我们要传播好中国的文化，就要讲好中国的案例，讲好中国企业的精神。

研究和使用案例教学时间越长，对教育的理解更加深刻。德国著名教育家第斯多惠主张“好的老师是让学生去发现真理，而不只是传授知识”，教育是培养有博爱精神的人和自觉的公民，教学应当促进人的全面发展，并有助于人的道德教育。企业案例不仅仅是企业学习的工具，更是企业文化的载体，是企业管理创新的源泉。新的时代呼唤有更多的企业经营管理者认识到案例对企业管理和企业学习的价值，有越来越多的有识之士从中国企业的实践中提炼东方智慧，让案例成为一种工作方式，推动中国企业行稳致远。

杨智伟

中国大连高级经理学院案例研究中心主任

中国企业高管培训发展联盟副秘书长

2018 年 7 月 15 日

推荐序三

企业情景案例：提升教育培训有效性的利器

培训有效性一直是企业教育的痛点，如何提升培训有效性也是我一直关注的课题。2014 年，电子工业出版社策划引进出版《将培训转化为商业结果（第 3 版）》一书，在方法论上回答了如何将培训转化为商业价值的问题，也就是解决了 HOW 的问题；那么，到底企业学什么更有效，这是 WHAT 的问题。本书基于企业自身经营管理实践的情景案例给出了不二选择。

近年来，就企业案例与多个机构和专家交流，闻祥老师是最具实践精神的案例工作者之一，他植根企业，视界宽广，与学术界有广泛联系，融会贯通，自成一派。我们有幸一起做项目，深感闻祥老师功力深厚，对案例的把握恰到好处，带领学员做出的案例超出企业期望。我曾多次鼓动闻祥老师将其经验变成图书，让更多的企业共享，为推动中国培训的转型升级贡献力量。

智力资本将成为新时代企业最核心的竞争力。智力资本由个人资本、结构资本和客户资本构成。其中的结构资本最主要的部分就是企业经验的总结，情景案例就是其载体。结构资本是企业的一种协作机制、一种整合机制、一种协调机制，在企业管理运作的每个阶段、每个环节它都在发挥着作用。结构资本的优劣直接反映了企业开发人力资源和对知识进行管理运用的能力，它可以将个人所专有的知识、经验转化为集体所拥有的财富。结构资本就像化学反应中的催化剂，可以使各类要素（尤其是人的要素）迅速处于激活状态并持续地为组织做出贡献。反过来，这种贡献所促成的优质结构资本也会进一步增强员工为企业做贡献的愿望，最终在组织平台上形成一组组闭环，在相互推进的过程中螺旋式上升，实现企业和员工的共同成长。

翻开这本书，你如同进入一个课堂，听闻祥老师娓娓道来关于情景案例的前世今生。书中还有经典案例供你参考，这些案例都是企业最重要的资产。如果你能掌握情景案例方法论，为企业开发出一系列情景案例，这将是一笔多么大的财富。学习和研究情景案例，不断实现智力资本的增值保值，对接《将培训转化为商业结果（第 3 版）》理论，需要做好六项工作。

一、案例研究

情景案例的基础是案例研究。企业经营案例研究首先要具备商业思维，要结合市场实际，以典型案例为素材，并通过具体分析、解剖，促使人们进入特定的营销情景和营销过程，建立真实的营销感受和寻求解决经营问题的方案。

二、案例规划

在研究的基础上要做好案例规划。做案例规划需要有设计思维和产品思维，从组织的视角来规划做多少案例，做什么案例。“预则立”，在案例开发之前规划工作必须做好。

三、案例开发

这部分是本书的重点，也是最具有技术含量的一部分。在实际案例开发阶段，需要整体作战、团队作战，内外融合、持续迭代。闻祥老师多年来在案例开发方面的经验都凝结本书中，“听君一席话，胜读十年书”，“书+工作坊”的模式可以让你也成为一个案例开发专家。

四、案例转化

案例开发仅是过程，转化才是关键。要实现情景案例的商业价值，推动转化、学以致用才能实现智力资本的增值。让组织智慧可见、可传承，这是情景案例的魅力所在。未来的培训不会再讲所谓名企的经验，而是身边事，只有这样才能让培训更有效、更有价值。

五、案例评价

只有评价，才能有改进；只有持续迭代，情景案例才能有持久的生命力。情景案例不是静态的，而是动态的。定期进行情景案例的评价，总结案例在工作中的转化效果，发现其不足，进行持续改进，从而建立一套学习转化的案例机制，实现常态化运作。

六、案例文化

情景案例是需要人人都能掌握的一套方法论，只有变成全体员工共有的语言，情景案例的价值才能最大化。让案例成为企业文化的一部分，深入经营管理之中，这是我们所倡导的。

虽然这六个方面在书中都有涉及，但仅仅靠一本书是不够的，闻祥老师还有后续作品推出。最近与闻祥老师经常一起讨论情景案例产品化的问题，也能感受到情景案例的巨大潜力，未来也希望能有更多志同道合的朋友一起参与，可以深度交流，在闻祥老师情景案例方法论的基础之上，开发出中国企业经营管理案例，并走向国际，彰显中国智慧的力量。

张善勇

中国成人教育协会企业教育专业委员会副理事长兼执行秘书长

电子工业出版社世纪畅优学习项目与版权课程研究院院长

2018 年 7 月 7 日

前 言

情景案例以推动企业经营管理价值创造为目的，依托企业典型业务项目，展现决策层、执行层和经办层的工作过程，遵循内部控制管理规范，还原经营管理行为的真实情景，挖掘在企业中可复制、可借鉴、可推广的价值点，从而提升企业的经营管理能力和价值创造能力。

持之以恒、锲而不舍十四载，我在研究情景案例的实践中经历了从无到有，从仿制到创造，从简单到复杂，从单一视角到多维视角，从点线面到立方体思维，从跨界经营到跨国经营，从崇拜洋理念到锻造东方全球智慧，从典型业务项目管理到无边界综合经营管理的过程。在企业的发展过程中，情景案例已成为企业成长的助推器，成为企业价值创造不可或缺的重要工具。情景案例源于企业的日常工作实践，现已反哺企业的日常工作，二者水乳交融、不可分割。情景案例具有鲜活性、生动性、可复制性、可借鉴性、可推广性，更能满足以价值创造为目的的企业日常工作实践。情景案例已经成为企业人日常工作场景不可分割的组成部分，因此，它的推广应用方式也就从单纯的案例教学方法拓展为催生企业内生动力的情景案例工作法。

为什么写这本书

一句话，揭示情景案例的秘密，让更多的中国企业了解和掌握企业内生的情景案例开发、使用、推广和运营管理的一般规律。本书体系化地揭示了为企业价值创造者向情景案例写手转换的思维变革方式、行为转化工具以及情景案例批量生产质量控制规范。情景案例的亲历者通常就是案例写手本人。案例亲历者必须站在公司治理的视角，全方位、立体化、客观地审视经营管理行为，将企业经营管理过程中决策层、执行层、经办层面对问题、自主决策、客观评价的心路历程，以水墨画的形式记录下来，并打上企业“情景”的烙印，镌刻下企业经营管理者智慧的生动画卷。因此，本书是企业快速沉淀、积累、传承经营管理智慧的工具书。

写给谁看

这是写给致力于企业经营管理智慧传承事业的人们的书，不仅限于情景案例研究者、案例库运营管理者、情景案例撰写者和企业内部的志同道合者；更广泛的意义上，这是一本写给企业各级经营管理者的书，也是写给企业每位员工的书。

这本书与每位创造传承智慧的人息息相关。企业内的人都是情景案例的主人公，都是情景案例承载智慧的创造者、传承者和受益者。无论是企业董事长、监事长、管理者，还是人力资源部（党委组织部）、条线部门、分支附属机构的层级人员，都能从本书中找到自己的角色和贡献点。

这本书的结构设计特点是什么

全书各章凸显了企业经营管理的特征。一是情景复盘，通篇对接企业经营管理实践情景，以企业集团经营管理治理结构、管理机制和运营体系的情景复盘展开。二是智慧源泉，用毛泽东思想指引情景案例设计和开发，突出中国特色，体现马克思主义中国化的伟大实践。三是典范研究，给出最佳实践范例，提供可复制、可借鉴、可推广的学习样本。

各章内容核心要点有哪些

本书共五章，第 1 章情景案例展示，抽取典型案例说明情景案例融入业务发展、融入人心凝聚、融入基层管理的三大重要领域，回答了情景案例如何服务战略引领业务发展、如何服务核心人才培养教育、如何服务基层日常工作的三个核心问题。第 2 章创造情景案例，回答了情景案例理论逻辑，给出了定义、框架、结构和价值贡献，创设了情景案例学说。第 3 章情景案例批量开发，回答了如何及时高效批量化开发案例难题，这是本书的核心价值贡献之一。企业用自己的力量，创造性地进行资源重组，激活、发挥企业价值创造者的主观能动性，实现智慧的提炼、锻造、传承、再造和持续推进企业智慧库建设工程。第 4 章情景案例经营与管理，回答了如何持续建设企业智慧库的制度安排和机制建设问题。第 5 章情景案例工作法，回答了情景案例工作模式对推进“情景案例工作化和工作情景案例化”知行合一的企业简约文化有待思考的一系列问题。

还有哪些需要改进和完善的地方

本书是关于企业经营管理最佳实践的图书。伴随着企业经营管理内外部环境的不断变化，情景案例研究者要紧跟时代步伐，不断自我革新、自我成长，永葆自我创新精神，迎接新挑战，一步一个脚印地将案例研究工作推向新时代的新高度。

“不要人夸颜色好，只留清气满乾坤”，仅将此书献给追求情景案例的勇士们。

闻 祥

2018 年 5 月 8 日

目　录

第 1 章

情景案例展示

情景复盘

华恕集团有限公司董事长卓忠芳在“致集团党校全体员工的一封信”中提出，“党校要成为全集团经营管理情景案例开发和使用的主战场，党校工作人员必须具备两大基础技能——情景案例开发技术与转移和案例教学技术与转移，打铁就要自身硬；而只是技术过硬还远远不够，我们每位同志还必须时时刻刻牢记，党校姓‘党’，这个‘党’就是中国共产党，党是领导一切的；我们身为党的一员，就要把党性挺在最前面，透过党校同志们的务实工作，把我们每位领导干部的党性修炼融入我们全集团日常经营管理工作中去，人人都说情景案例，都写情景案例，都讲情景案例，让情景案例的‘情’入心、‘景’入脑、经营管理‘见真’行动”。

服务战略引领业务发展

这篇情景案例，真实地记录了学员们群策群力破解掣肘多元化平台综合效益有效发挥的心路历程，这个大难题在学员身处各自岗位上都很难独立解决，而在党校学习平台上，干部们群策群力，顺畅地进行思想交流和充分地信息互动沟通，把党的实事求是思想融入破解现实工作难题的行动之中，通过对国际标杆机构的校标和内部制约因素的深度剖析，找到了破题之策。

我们选择的这篇情景案例很具特色，党校不仅是单纯的理论学习，更重要的是要学以致用，要能够将理论学习对接学员的生存环境，让他们把党的理论学习力转化为解决现实经营管理挑战性问题的行动力。与这篇情景案例对接的还有一篇阐释神州银行金融控股集团品牌价值观的情景案例，两篇案例同时使用会有出人意料的教学效果。在多年的党校教学实践中，我们认为，这样的情景案例教学是党校干部教育应该持之以恒坚持下去的。

从客户共享到品牌整合

3 月底的一个午后，神州远航学院咖啡厅里已经聚集了不少人。他们当中或是在独自享受片刻的闲暇时光，或是几个人围坐在一起畅叙友情。

在角落里的圆形褐色沙发上，三位学员正在热烈地讨论着。从远处可以不时地听到笔记本电脑键盘的敲打声。三人分别来自总行、神州银行国际和神州银行保险，此次到神州远航学院是为了参加总行党校“高管继任者”素质能力提升培训班。目前，培训班已近尾声。作为同一小组的成员，他们需要提交一份课题作业。

“我们三人来自集团内的不同板块，课题方向肯定与每个人的专业沾点关系。我想，这个方向只能是板块间的联动和资源共享。近几年，从总行到各专业子公司，都在探讨这个话题。”组长刘飞昀抿了一口手中的咖啡，说道。

“不错，平时我们都说要‘以客户为中心’，但在现实中往往就各自为政，无法形成合力。就以我们为例，主要擅长投行业务，有时做完一个项目后，感觉到客户后续还有商业银行方面的业务需求。但一来我不知道找谁对接最合适，二来可能手头的事情比较多，就没有及时跟进。”周增禹颇有感慨地回话。

“是啊，等你反应过来时，这单生意都被别的银行抢走了。现在集团内各板块之间的联动主要还是依靠领导之间不定期的沟通，没有形成一套规范的流程机制。即使我们做联动的业务，也更多靠私底下的个人关系。在客户资源信息上，根本没有形成共享。有时一个客户多头营销，既没有发挥集团平台的优势，也削弱了神州银行整体的品牌形象。客户会问：‘怎么刚走了一个神州银行的，又来了一个神州银行保险的？’”乔薇的发言得到了刘飞昀和周增禹的一致认同。

“那我们就以构建客户信息共享流程机制为课题切入点如何？”刚才周增禹和乔薇在对话时，刘飞昀一直在拿着笔做着记录。整整一张纸上写满了各种题目。

“这个题目不错，不过有些宽泛，应该细化下。目前总行已经有了CCMS[①]，我们的课题可以依托这个系统，制定一个三大业务板块共享的流程机制。”对于刘飞昀提出的课题思路，周增禹补充道。

“我记得花旗银行等国际上顶尖的金融控股集团都有一套成熟的客户信息共享系统，我们应该先回去研究这方面的案例。另外，既然是行

① Customer Credit Management System（客户信贷管理系统）的缩写。

动学习作业，就应该做些实地调研，并提出可行性较强的方案。我回去先做个课题工作计划表，用 Notes 发给大家。”乔薇很快就进入了状态，筹划好了课题接下来的详细任务。

经过一番讨论，三人最终确定了课题作业的方向和工作目标。忙碌的案头工作即将开始……

问道于 Citi Vision

课题小组成员走访了花旗集团、荷兰银行等大型外资银行在北京的分支机构，对这些金融集团内各业务条线或业务单元之间信息共享机制进行了调研。通过走访调研，小组发现这些国际顶尖的金融机构的客户信息管理系统都有一个共同的特点：内容丰富、功能齐全、维护及时、全球共享。

而在这些金融机构中，最典型的是花旗集团。从图 1-1 的组织结构中可以看到，在三大管理板块的组织下，花旗集团的核心业务分为全球消费金融（GCB）、机构客户集团（ICG）和花旗控股。其中，GCB 和 ICG 挂在花旗公司旗下，按照业务/地区的矩阵进行管理。GCB 主要提供零售银行、信用卡、贷款和商业金融等业务，通过当地的分支机构等渠道网络，向全球客户提供全方位的金融服务。ICG 主要提供证券、投资及交易服务，面向机构客户和投资者。GCB 和 ICG 在地区上都分为北美、欧洲、中东及非洲、拉美和亚洲。花旗控股主要负责经纪和资产管理、本地消费信贷和特殊资产池等业务。

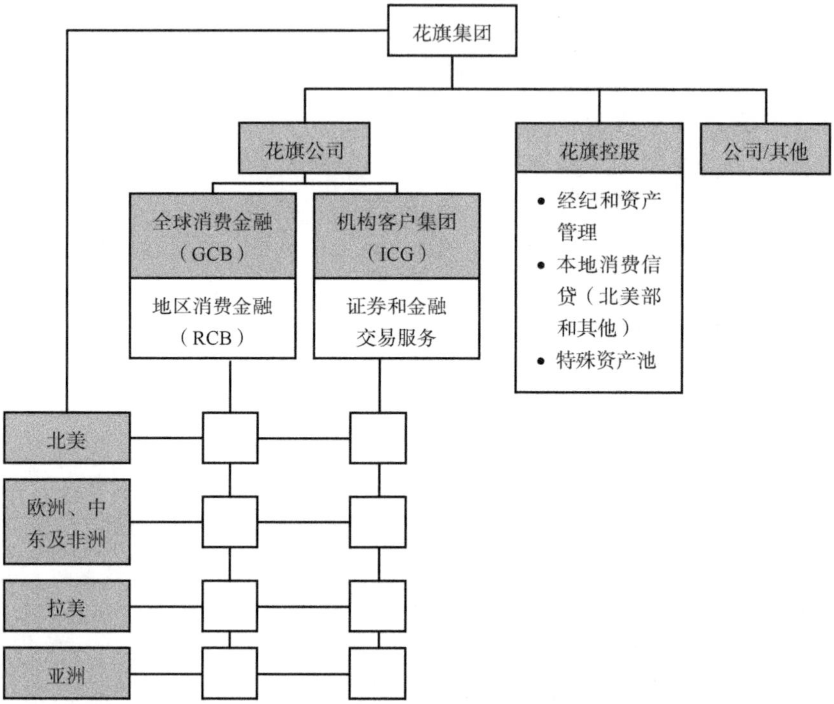

资料来源：根据《花旗集团 2011 年年报》的组织结构图及其财务报表的说明进行整合绘制。中文翻译参考花旗集团中文网站。

图 1-1 花旗集团的组织结构

在金融危机爆发前，花旗集团按照一级资本、资产规模和盈利排名，是全球最大的银行集团，其业务遍及全球 100 多个国家，拥有超亿位个人客户和机构客户。在花旗的每个网点，每位客户都可以获得储蓄、信贷、证券、保险、信托、基金、财务咨询、资产管理等全套的金融服务。

在全球拥有如此庞大的客户关系网络，该如何保证它的正常运转呢？又该如何在各业务单元之间实现客户信息共享和交叉销售，以此提高集团的整体营销效率呢？

答案就是花旗集团的客户信息管理系统——Citi Vision。Citi Vision 连接花旗旗下的所有全球机构，系统内客户信息按规定维护、全球共享。这套系统有如下几个特点：

- 不同业务条线的客户的基本信息由不同的客户经理进行维护，如客户名称、注册地址、营业地址、法人代表、公司架构、财务信息、网络分布、客户经理、与本行合作现状、问题、合作机会、营销战略、行动计划等。客户经理必须进行日常维护的内容还有对客户的访问记录、有关客户的市场信息、重大事件等。
- 为体现业务条线之间的交叉营销，客户经理在对本条线外的客户进行营销后，须对系统进行维护，将营销情况进行描述。
- 在对大客户或大项目进行交叉营销时，花旗集团制定了交叉营销牵头制度，即由距离客户较近的部门负责人为牵头人，集中相关部门的专业人员成立营销团队，开展联合营销。
- Citi Vision 与集团核心会计系统和其他子系统连接，具有客户额度控制和风险预警、分析与统计客户对花旗贡献度、授信审批等功能。客户经理、风险经理或其他管理人员可根据授权阅览研究部门关于客户、地区或行业的最新研究报告。

拥有 Citi Vision 这样成熟的客户信息管理系统作为支撑，开展全球客户管理和产品营销，大大降低了其营销的人工统计成本，减少了差旅开支，提高了营销效率。

风险意识

在深入了解花旗银行的案例后，课题小组认为信息共享流程方案很可行。不过，作为金融从业者，独特的职业敏感性使小组成员很快就意识到，任何金融业务流程的设计和谋划都绕不开风险管理问题，信息共享流程也不例外。

那么，信息共享背后的主要风险是什么呢？对此，有过法律方面背景的乔薇颇为专业地回答道：

客户信息的保密性是最主要的风险。

客户信息保密是金融服务业的基本准则之一。目前神州银行旗下各业务板块均为独立法人，各自占有和使用其客户资源信息并独立对客户负有保密义务。客户信息在没有经过本人同意或者授权的情况下，任何他人或者机构不得擅自使用、披露或泄露，也不得以盈利等特定目的擅自收集。若各业务板块公司在利用共享的客户信息进行客户营销时违反了信息保密原则，则有可能引起客户的反感甚至法律诉讼，将面临法律和监管上的双重风险。一方面，客户的起诉可能导致神州银行承担停止侵权、赔礼道歉和赔偿损失的法律责任；另一方面，也会面临着公安机关、工商部门或者监管机关行政处罚的后果。

鉴于此，课题小组重新评估了客户信息共享流程可能隐含的风险点，并拟定了流程设计应该遵循的一些基本原则和策略。

信息共享原则。各板块公司应本着服从实现综合金融服务的战略需要，在符合相关原则的基础上共享本渠道或产品方的客户及准客户信息。

合法合规原则。信息共享必须严格遵守国家的相关法规和行业监管机构的相关规定，信息共享的需求要经过有权限部门的评估，确认风险已得到有效控制后方可进行。

数据安全原则。必须保证信息使用过程中数据安全、无泄露，必须保障全行整体商业利益不受损失；客户信息管理部门必须对共享使用过程的信息流转各环节进行逐一核查，确认数据泄露风险均得到有效管控后方可进行。

无利益冲突原则。信息使用方在未经客户信息管理部门、法律合规部门审核及与信息提供方沟通协商的情况下，不得擅自进行客户接触和营销。

保障客户体验原则。必须兼顾信息使用效率与客户感受，防止过度接触，保持良好、一致的客户体验。交叉使用必须确保公司提供的良好、一致的客户体验不受影响。

分级管理原则。客户信息的共享只能在控制的基础上按不同的权限展开，不同层次的员工可共享的信息范围不同。

尽管拟定了流程设计所需的风险管理原则和策略，但还是停留在“空”的层面上。要想管理好潜在的风险，必须制定切实有效的防范措施。课题小组讨论后认为，首先需要完善与客户之间的保密协议，尽可能将客户非公开信息授权范围扩大至神州银行下属各个业务板块公司，实现神州银行集团内部客户信息依法共享。其次应该严格控制接触客户信息的人员范围和权限。

周增禹认为，针对客户信息共享的风险管理措施，最重要的是，应该让客户感受到这种举措的诚意和有效性。对此，周增禹提出建议：

各板块公司进行交叉销售和综合开拓时，以客户信息所有者的名义去推荐其他板块公司的金融服务，所有营销活动通过客户信息本来的所有方进行。例如，神州银行国际、神州银行保险从信息共享系统中发现神州银行的商行客户可能成为潜在客户，并决定进行营销后，应当以神州银行商行的客户经理作为核心开拓人员，将证券、保险业务人员推荐给客户。

信息共享流程构想

课题小组在对设计信息共享流程所能面对法律风险及其应对措施达成共识后，正式进入方案的筹划和设计环节。小组成员都不是专业技术科班出身，面对总行已经有的 CCMS 平台，该怎么设计方案呢?

4 月初，小组成员到总行参观了 CCMS，听取了总行科技部同事对 CCMS 和 RPC[①]运营模式的介绍。这次调研启发了方案设计的思路。组长刘飞昀说道:

我们借鉴了以往学院课题小组的经验，到总行进行了实地调研。CCMS 虽然平时也听过，但毕竟接触得不够深入。我们来总行观看了现场演示，并学习了深圳分行在这方面的经验后，形成了流程方案设计的初步思路。

我们想尽量利用神州银行已经具备的条件，以最小的改动和投入达到最好的效果，小组成员将信息共享流程设计原则确定为：总行、神州银行国际和神州银行保险相关人员分别就商行产品、投行与零售经纪产品、保险产品进行相互交流培训，并同时依托总行已经建立的 CCMS 平台，利用现有数据库结构，通过在系统中增加少数功能，来实现神州银行国际、神州银行保险和总行各自客户资源信息有针对性的双向录入查

① RPC，全称为 Relationship Product Channel，是公司金融总部开发的产品支持系统。

询共享，并在此基础上展开进一步联动工作。

5 月中旬，小组成员周增禹和乔薇分别在神州银行国际、神州银行保险对自己所在的行业团队同事和相关部门的同事进行了问卷调查。乔薇说：

问卷调查让我们从自身的角度明确了对客户信息资源共享的需求。最初我以为同事们可能对这种形式不太感冒，但结果出乎我的意料。可见客户共享是大家普遍关心的问题。

6 月，小组成员又聚在一起，将各板块的需求汇总到了一起，然后按照最初定下的原则撰写了流程设计的初稿。

7 月上旬，小组成员碰头几次就方案进行了讨论，对部分内容进行了调整和修订。

作为与客户接触的第一线人员，客户经理对客户的信息了解得最多，因此也是整个系统信息的源头。小组成员决定围绕客户经理进行流程设计。整个信息共享流程的基本环节和步骤如图 1-2 所示。

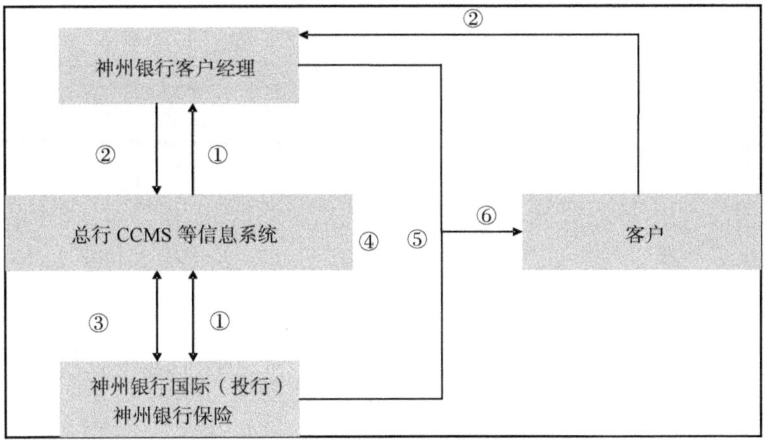

图 1-2 信息共享流程

① 神州银行国际、神州银行保险通过总行 CCMS 和 RPC 模块等对神州银行客户经理进行动态的产品培训，使客户经理及时了解投行、零售经纪、保险等产品及其客户需求，并随着市场、客户需求的变化在信息平台上不断更新相关产品知识；同时神州银行国际、神州银行保险团队通过上述系统接受商业银行相关产品培训。

② 神州银行客户经理将日常工作中客户对投行产品的需求信息记录在工作日志中并提交 CCMS。

③ 根据神州银行国际、神州银行保险的需求，总行 CCMS 为神州银行国际、神州银行保险团队增加适当菜单窗口，后两者可分别设置投行、零售经纪、保险业务的首席产品总监，有权限登录系统，搜索调出具有投行、零售经纪、保险产品需求的客户相关信息，并负责解答神州银行客户经理的问题；而针对神州银行国际、神州银行保险的具有商业银行产品需求的客户，两者将相关信息录入 CCMS，神州银行客户经理可搜索调出具有商行产品需求的客户相关信息。

④ 神州银行国际、神州银行保险团队对上一步中调出的数据分别按自身标准进行初步客户筛选或风险评估，针对筛选出来的合适的客户，初步联系神州银行客户经理；神州银行客户经理对于神州银行国际、神州银行保险团队提供的具有商行产品需求的客户，也可按自身标准进行初步筛选。

⑤ 神州银行国际、神州银行保险团队与神州银行客户经理相互沟通了解客户情况并进一步选择目标客户，进一步设计金融服务方案满足客户需求。

⑥ 神州银行国际、神州银行保险团队与神州银行客户经理共同拜

访目标客户。

方案出炉

流程方案设计好后，小组成员基于 CCMS 现有架构为神州银行国际的投行、零售经纪团队以及神州银行保险团队开设一定的查询和录入权限。系统修改后，可以分别满足各业务板块的客户信息双向录入和查询功能，从而建立客户信息共享平台。下面我们提供相关的示例。

投行业务需求（神州银行国际）

可以向客户经理进行投行产品培训，并接受商行产品培训。在总行的 CCMS 和 RPC 模块中，神州银行国际提供的投行产品（如 IPO、上市公司再融资以及债券类产品等）作为神州银行可以向客户提供的金融产品的一部分，神州银行国际可以登录系统，查看神州银行产品经理界面、接受培训，并有权限发布相关产品培训资料、答疑等；而客户经理进入产品界面后，即可以看到投行产品介绍等相关资料并进行提问和交流。

查询筛选具有投行产品需求的客户信息，并可录入对商行产品有需求的客户信息。即投行团队可以通过登录 CCMS 等系统，使用搜索查询等功能，调出具有投行产品需求的客户的相关信息。

- 关键字搜索。客户经理在记录工作日志时，若客户有投行业务需求，则客户经理需给日志添加“投行产品需求”标签（标签可再细分为“IPO”“再融资”“债券”）等。投行团队登录系统，则有权限查看标有“投行产品需求”标签及各细分产品标签的客户的有关信息。

- 客户信息获取。对于通过上述关键字搜索筛选出的客户，投行团队可以实现从系统调出客户信息，如表 1-1 所示。

表 1-1 投行团队获取的客户信息

类　型	信息内容
投行产品需求	客户经理工作日志中关于客户对投行产品需求的描述
基本情况	公司名称、所在省份、主营业务、控股股东及实际控制人或主管机构（如适用）
财务数据	近三年的财务数据，包括总资产、净资产、营业收入、净利润、资产负债率
与神州银行关系	是否为神州银行重点客户
客户经理信息	负责该客户的客户经理的姓名、电话、Notes 地址、所在分行

零售经纪业务需求（神州银行国际）

CCMS 的使用。为神州银行国际零售经纪部设立专用权限的 CCMS 登录账号，零售经纪部指派专人负责使用和联络。

信息发布及互动交流。在日常业务中，零售经纪部根据市场情况发布营销活动和国家监管部门的最新法律法规等信息；也可以通过 CCMS，与客户经理进行互动交流。

信息检索。零售经纪部可以通过登录 CCMS 等系统，使用搜索查询等功能，调出具有证券理财需求的客户的相关信息。

- 关键字检索。客户经理在记录工作日志时，若客户有“证券理财需求”，则客户经理给日志添加“经纪业务需求”的标签（标签可再细分为“理财产品”“股票交易”“研究服务”）等。零售经纪部专员登录系统，则有权限查看标有“证券理财需求”标签及各细分产品标签的客户的有关信息。

- 客户信息获取。对于通过上述关键字搜索筛选出的客户，零售经纪部可以实现从系统调出客户信息，如表 1-2 所示。

表 1-2 零售经纪部获取的客户信息

类 型	信息内容
需求描述	客户经理工作日志中关于客户对证券理财需求的描述
基本情况	客户姓名、年龄、所在省市、生日、日常喜好、教育程度等
风险偏好	证券理财规模、投资风格、风险承受能力等
与神州银行关系	是否为神州银行重点客户
客户经理信息	负责该客户的客户经理的姓名、电话、所在分行

保险业务需求（神州银行保险）

向神州银行客户经理进行投行产品培训。在总行的 CCMS 和 RPC 模块中，神州银行保险提供的保险产品（如财产保险、工程保险、责任保险、信用保险、货运保险、船舶和船建保险、人身意外伤害保险、机动车辆保险等系列保险产品）作为神州银行可以向客户提供的金融产品的一部分，神州银行保险可以登录系统，并有权限发布公司已向保监部门报备、报批的相关产品培训资料、答疑等；而神州银行客户经理进入产品界面后，即可以看到保险产品介绍等相关资料并进行提问和交流。

查询筛选具有保险产品需求的客户信息。即神州银行保险可以通过登录 CCMS 等系统，使用搜索查询等功能，调出具有保险产品需求的客户的相关信息。

- 关键字段搜索。神州银行客户经理在记录工作日志时，若客户有保险业务需求，则客户经理需给日志添加“保险产品需求”的标签（标签可再细分为“财产保险”“货运保险”“人身意外保险”）

等。保险公司专业人员登录系统，则有权限查看标有“保险产品需求”标签及各细分产品标签的客户的有关信息。

- 客户信息获取的需求。对于通过上述关键字搜索筛选出的客户，神州银行保险可以实现从系统调出客户信息，如表 1-3 所示。

表 1-3　神州银行保险获取的客户信息

类　型	信息内容
保险产品需求	客户经理工作日志中关于客户对保险产品需求的描述
基本情况	公司名称、所在省份、主营业务、控股股东及实际控制人或主管机构（如适用）
财务数据	近三年的财务数据，包括总资产、净资产、营业收入、净利润、资产负债率、经营性现金流
与神州银行关系	是否为神州银行重点客户
客户经理信息	负责该客户的客户经理的姓名、电话、所在分行

神州银行国际、神州银行保险为神州银行客户经理提供的客户信息

神州银行国际、神州银行保险团队在日常工作中，若发现客户有商业银行产品需求（如募集资金存储、商业贷款、并购贷款、发行短融中票、银行理财产品等），则登录 CCMS 等系统，并录入客户相关信息以及投行、零售经纪和保险团队的联系方式。

总行可由专人负责随时从系统中查询上述信息，并按总行内部规则（如按地域）将信息分配给客户经理。客户经理在收到信息后，按照信息中的联系方式与相应的投行、零售经纪或保险业务负责人联系。

神州银行国际、神州银行保险提供的有商行产品需求的客户信息至少包括如表 1-4 所示的信息。

表 1-4 神州银行国际、神州银行保险为神州银行客户经理提供的客户信息

类 型	信息内容
商行产品需求	客户对商行产品需求的具体类型
基本情况	若为个人客户，则包括姓名、简介等。若为企业客户，则包括公司名称、所在省份、主营业务、控股股东及实际控制人或主管机构（如适用）
财务数据	若为个人客户，则主要包括基本资产债务情况等。若为企业客户，则主要包括近三年的财务数据，如总资产、净资产、营业收入、净利润、资产负债率、经营性现金流
联系人信息	负责该客户的神州银行国际、神州银行保险相关人员的姓名、电话、所在单位

客户信息共享的未来

小组成员设计的客户信息资源共享流程方案，利用神州银行现有的信息平台，强化了神州银行国际、神州银行保险与神州银行公司金融总部的合作，为今后神州银行集团层面客户信息共享平台的打造积累了经验。当然，未来客户信息共享平台的打造，还应该涵盖和纳入神州银行国际证券、神州银行基金、神州银行投行、神州银行航空租赁等其他神州银行集团旗下的业务板块。

对于神州银行推进综合化经营策略、实现多元业务板块联动来说，客户资源在 IT 层面的共享仅仅是一个开端，如何实现“线下”各业务板块之间的客户共享、客户需求的及时响应、一体化金融解决方案的实施以及合理有效的分润机制，还要不断地尝试和探索。其中所蕴含的变革动因、路径和机制也将远超过客户信息共享流程本身。

顶尖的跨国银行集团耗费数年才形成了较为成熟的多元业务联动

机制，即使如此，也不断地处于完善和调整之中。对于神州银行来说，前面的任务充满挑战，但也值得期待。

案例使用指导

使用目标

通过案例研讨，理解神州银行集团框架下交叉销售、多元业务联动所需要的条件、面临的挑战以及未来的发展前景；以案例提供的素材为背景，理解神州银行集团下母子品牌联动和集团品牌整合所需的条件、面临的挑战。

适用对象

适用于神州远航学院中高层经营管理培训项目的战略品牌管理、营销管理类课程教学讨论使用。

启发思考题

1．结合案例，你认为客户信息共享流程机制的落地实施还应该具备哪些条件？可能面临的挑战和阻力有哪些？

2．结合案例，你认为在多业务板块联动中，应该如何设计相关的分润机制、客户关系管理机制和产品创新机制？在设计这些机制时，应该考虑哪些变量和因素？

3．请根据自己对于银行业品牌的理解和在案例课堂中获得的启示，拟定一份品牌管理的建议报告。

服务核心人才培养教育

核心人才培养教育是企业持续经营基业长青至关重要的工作内容。任何一家金融控股集团，都必须关注风险总监（CRO）、财务总监（CFO）和内部审计官（CAO）岗位胜任力培养教育，在三支核心人才继任者梯队建设上，聚焦系统化战略思维能力、多条线多板块协同能力和多元化平台产品整合能力的专业化综合经营管理实力打造上下功夫。而基于中国金融市场环境灵活应变的处置能力和对接国际金融监管规则的原则执行能力，就成为新时代金融家们的必修课。这是选择本篇情景案例的初心，也是情景案例研究人的使命，用中国企业经营管理情景案例反哺成长中的中国企业家们。

中国 CFO 新智慧：变化环境中的预算管理

百年一遇的国际金融危机给全球银行业造成重创，对未来银行业发展产生了重大而深远的影响。背负着时代的重托，神州银行开启了新的航程，加快建设国际一流银行，任重而道远。

——原华恕集团有限公司董事长卓忠芳

2011 年，神州银行道林省分行（简称道林省分行）已经连续四年在神州银行系统内绩效考核排名第一。与出色稳定的相对业绩表现相比，省分行同期各项业务的预算执行情况却大起大落，犹如坐上了过山车。

担任道林省分行副行长的宠行长对变化环境中预算管理所面临的挑战与机遇深有感触。

宠行长的思考

近三年来，省分行主营业务发展受到宏观经济金融形势的影响较大，2009 年，受 4 万亿元投资拉动，宏观经济由冷转热，社会流动性大增。辖内各市分行人民币各项存款、各项贷款均超额完成预算目标，外币各项存款、外汇现汇贷款新增、中间业务收入在地区间发展不一。2010 年，国家实行宏观调控，人民币升值预期强烈；辖内二级分行人民币各项贷款超额完成预算目标，人民币各项存款落后于预算目标，外币各项存款、外汇现汇贷款新增、中间业务收入呈现出不平衡性。2011 年，人民币流动性持续收紧，辖内二级分行人民币、外币存款、外汇现汇贷款新增呈现出不平衡性，中间业务收入均达到预算目标。2009—2011 年道林省分行预算执行情况如表 1-5 所示。

表 1-5 2009—2011 年道林省分行预算执行情况

年　份	2009	2010	2011
人民币存款新增	125%	57%	49%
人民币贷款新增	112%	107%	72%
外汇现汇贷款新增	508%	148%	下降
中间业务收入（亿元）	35.88	46.79	66.22

毫无疑问，2008 年全球金融危机导致了一系列重大外部环境因素的变化，包括各国宏观经济政策、全球银行业监管、发达经济体债务危机以及新兴经济体发展模式转型等，已对银行业产生了巨大和深远的冲击

和影响。在这种大趋势和行业背景下，神州银行也在中国银行业改革的风口浪尖经历着深刻的变化。

道林省分行是神州银行 37 家省级（包括直属）分行中的标杆分行。作为省分行高级管理层的核心成员之一，宠行长同时兼任财务总监，负责组织、管理并监督财务管理和会计核算等相关工作。多年财务管理的经验已让他对预算编制和管理过程中面临的主要困难和挑战了然于胸：宏观经济金融走势、货币政策变化、汇率波动、存款冲时点、银监会对不规范经营治理等。这些变化环境中的关键因素对省分行主营业务发展以及全行财务状况都有不可忽视的重大影响。

当然，作为资深银行高管的宠行长也深切明白“机遇和挑战并存”的道理。卓忠芳董事长在谈到神州银行发展历程时曾写下这样一句掷地有声的宣言：“要赢得竞争，神州银行迫切需要进行深层次的改革。”宠行长一边回味着这简短却意味深长的语句，一边思考着省行管理层关注已久的问题：在如此变化的环境中，省行的预算管理还有哪些改革和创新的机会呢？

神州银行道林省分行

神州银行道林省分行是神州银行在道林省内设立的一级管辖分行。目前，神州银行道林省分行辖内有 11 家二级分行、10 家地区直属支行，全行现有机构 738 家，员工接近 20 300 人。近年来，神州银行道林省分行着力提升核心竞争力、软实力和可持续发展能力，经营发展取得了长足的进步。2011 年净利润达到 112.1 亿元；目前，该行本外币各项存款余额超过 6 000 亿元，本外币各项贷款余额超过 4 600 亿元，在外汇业务、贸易融资、零售贷款、出国金融、投行业务等多个领域均处于市场领先地位。道林省分行的业务包括公司金融业务、个人金融业务等，如图 1-3 所示。

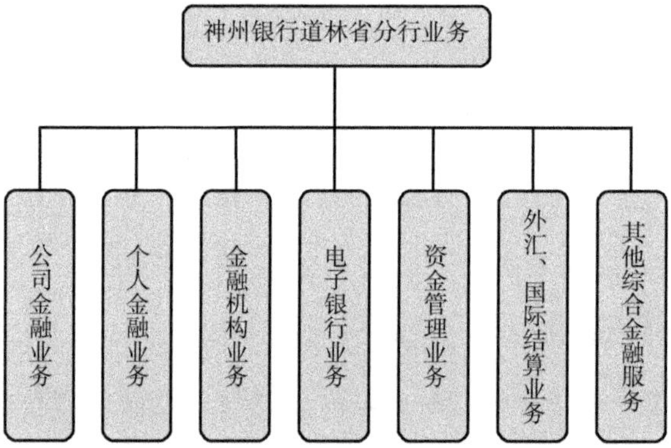

图 1-3　神州银行道林省分行的业务

道林省分行的公司金融业务以授信产品为基础，向企业事业客户提供包括清算、结算、资金、基金托管等在内的各项金融产品和融资、财务解决方案。为满足不同企业多层次、全方位资金需要，还推出了银团贷款、项目融资、贷款承诺、授信额度、全球统一授信、出口买方信贷、出口卖方信贷等产品。

道林省分行的个人金融业务，提供包括储蓄存款、零售贷款、银行卡、个人理财、汇款等在内的各项服务，“神州银行理财”“黄金宝”“梦想之家”“出国留学一站式”服务等个人金融服务品牌和产品已深入人心。近几年，分行又加大了发展个人消费贷款业务的力度，推出了以“梦想之家”品牌为重点的“安居梦宝”“融资梦宝”“易居梦宝”等多项消费信贷产品。

道林省分行的金融机构业务为全球其他银行同业、证券、保险等非银行金融机构提供诸如国际汇兑、资金清算、同业拆借和托管等全面服务。

道林省分行的电子银行业务已形成了覆盖企业网上银行、个人网上银行、电话银行、自助银行、移动手机银行等在内的较为齐全的电子银行产品体系，提供安全、高效、全面、实时的境内外综合金融服务。

道林省分行的资金管理业务和外汇、国际结算业务水平在同业内首屈一指，在企业中名声卓著，为帮助企业规避、锁定汇率和利率风险，实现资金保值增值，推出了远期售汇、代客外汇买卖、代外汇资金管理和债务风险管理业务。

另外，道林省分行还依托集团优势，联合神州银行投资、神州银行国际、神州银行保险、神州银行证券等集团兄弟公司，为企业提供投资银行、资产管理、财务顾问等综合金融服务。

道林省分行预算管理

预算管理组织架构

预算管理组织架构如图 1-4 所示。省分行行长室是分行管理层行使预算管理的决策机构，省行财务管理部、人力资源部、风险管理部、授信执行部、法律合规部、信息科技部和保卫部、业务板块牵头部门和辖属各分支行财务管理部门是预算管理的职能部门。其中，省行和分行财务管理部是预算管理的统筹协调部门。

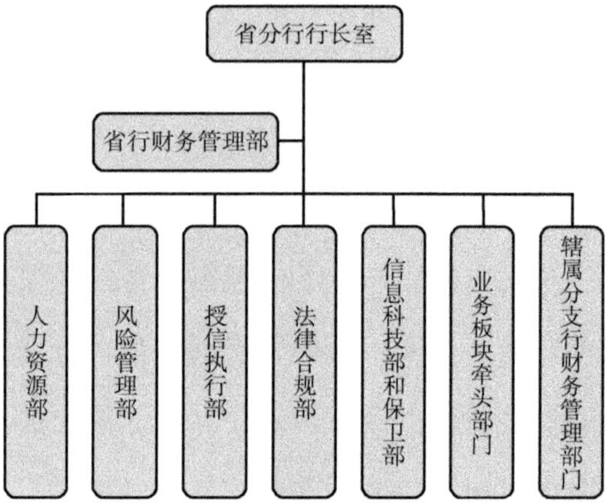

图 1-4 预算管理组织架构

省行财务管理部负责组织拟定预算的整体方案、分解方案和调整建议；负责定期监控、分析、预测和评价预算执行情况，并监督促进预算单位完成预算目标；负责对资产负债结构和资本状况的分析，对业务板块和分行的内部资金转移价格进行预测；负责全行预算的市场环境分析以及市场风险（利率风险、汇率风险）的监测，对主要经济金融指标（包括利率、汇率、价格等）进行预测，并按季对上述指标进行重新评估预测。

人力资源部负责预算的人力资源状况分析以及人力成本预测，拟订人事费用预算方案，按季对人力资源需求及人力成本变化进行预测分析，提出人力资源管理及流程整合的主要措施，并报送财务管理部。

风险管理部负责预算的信用风险环境分析，拟订全辖和各业务板块（含条线）、辖内行资产质量分年度计划和确定的依据，对资产质量变动及风险成本进行预测，包括贷款不良余额、不良率及提取减值准备金金额，按季对预算执行情况进行监控和预测分析，提出风险成本控制的措施和策略，并报送财务管理部。其他相关职能部门配合风险管理部做好本条线风险成本的预测、分析、管理、控制等工作。

授信执行部负责对预算的不良资产清收处置情况进行预测，按季对资产清收处置计划执行情况进行监控和分析，拟订实现计划的策略和手段，并报送财务管理部。

法律合规部负责牵头开展合规风险识别与评估，按季对操作风险成本以及诉讼费用进行预测，提出全行的内控计划和控制操作风险成本的具体策略和措施，并报送财务管理部。

信息科技部和保卫部分别负责拟订电子设备类（不含 ATM 设备和银行卡机具）固定资产预算方案和安防用器具设备固定资产预算方案。

预算管理基本原则

道林省分行在进行预算管理时遵循以下基本原则。

增加银行价值原则。通过预算的编制、实施、监控和激励，促进银行可持续健康协调发展，不断提升银行价值，增强投资者的信心。

贯彻发展战略原则。充分体现发展战略要求，坚持战略所确定的方向和目标，调动各方力量，协调各类资源配置，促进战略目标的实现。

稳健审慎原则。既要符合战略管理要求，又要充分考虑内外部经营环境的变化，将长远目标与阶段性目标有机结合，增强管理的可控性和可操作性。

权责利对等原则。坚持预算目标明确，责任主体分明，激励与约束并行，调动各方积极性，共同努力完成经营目标。

公开、透明原则。预算编制、控制和评价的原则与方法必须公开、透明；预算的编制要坚持“上下结合”，要进行充分的协商、交流和沟通，有效协调好银行的整体利益与局部利益，使预算目标逐步成为全行的共识。

全员、全程原则。预算管理是全行性的工作，要保证各业务板块、部门和分行的参与度，并要将预算目标分解落实到各责任单位；通过预算的编制与下达、执行与监控、分析和调整、考核和评价，实施全过程预算管理，真正发挥预算管理的权威性和对经营活动的指导作用。

年度综合经营计划指标

道林省分行年度综合经营计划主要包括三个大的方面：存款、贷款以及中间业务收入。具体计划指标有：人民币公司存款新增、人民币储蓄存款新增、人民币金融机构存款新增（保险及金融控股公司存款新增单列）、外币公司存款新增、外币储蓄存款新增、外币金融机构存款新增（保险及金融控股公司存款新增单列），人民币公司贷款新增（公司贷款、贸易融资、票据融资分列）、人民币个人贷款新增（银行卡专项分期单列），外币公司贷款（公司贷款、贸易融资分列）、外币个人贷款，公司金融板块中间业务收入、个人金融板块中间业务收入。根据业务发展特点和要求，分别设置人民币对公理财、人民币对私理财，外币对公理财、外币对私理财相关指标。同时，在业务指标的基础上，测算相应的本外币新增贷存比、人民币新增贷存比指标，上述指标构成省分行年度综合经营计划的主要内容。

预算指标目标设定

省分行年度经营目标设定主要依据宏观经济金融形势、总行资产负债相关管理政策、绩效考核导向、近几年业务发展走势等因素，结合自下而上与自上而下方法，紧盯市场同业与系统同组分行，统筹兼顾地区经济特点，提升省分行主营业务竞争力。根据总行对未来几年经济金融形势的预测，设定省分行人民币存款增长略高于全社会平均增长水平，按一定的贷存比指标推算可用人民币贷款新增，按近年发展情况和战略要求分别测算人民币公司存贷款新增、人民币个人存贷款新增；结合近几年外币存贷款走势及总行对未来几年汇率走势预测，设定外币存款新增指标，并按近年发展情况和战略要求分别测算外币公司、个人存款新增；根据公司金融板块预测，设定外币贸易融资、外币公司贷款新增以及人民币金融机构存款、外币金融机构存款。中间业务收入指标综合考虑银监不规范经营治理对中间业务收入的影响、中间业务收入结构特点、公司金融板块和个人金融板块相关预测设定。

预算动态调整

预算一经正式下达，原则上不予调整。预算调整是指按规定程序、经有权人和机构批准后变更年度预算目标。由于市场环境、经营条件、国家法规政策等发生重大变化，或出现不可抗力的重大自然灾害等致使预算编制的前提不成立或者导致预算执行结果产生重大差异，可申请预算调整。预算调整应依据充分、程序合规、方案可行、客观公正。

当政策与市场等经营环境因素变化对预算编制和管理的影响较大时，道林省分行在预算实践中主要通过深挖业务发展潜力、平衡预算增长结构等方式，尽可能减少预算编制调整，以保障整体预算的严肃性。如果实际情况已经严重偏离原有假设，预算管理部在审慎评估业务发展状况的基础上，适时调整全行整体预算，引导辖内分行和业务部门有效拓展业务，体现了预算执行的实践性和灵活性。

与总行预算管理的关系

总行预算与分行预算是两个不同层级的预算编制，总行预算考虑的是法人层面的业务发展与财务预测，而分行预算是总行预算的有机组成部分，服从于集团整体预算要求，突出表现为主营业务计划以及相关预算规则，总行预算规则调整影响分行预算，如原先由总行统一承担的费用还原分行等。道林省分行积极贯彻神州银行总行要求，根据总行相关战略发展思路与发展目标，并结合发展实际情况，设定自身的战略目标、主营业务计划及财务目标，并根据总行可能的预算调整而相应调整预算，使省分行战略目标以及业务计划与总行基本匹配，有效传导总行发展思路与业务发展要求。

变化环境中的预算管理

困难和挑战

道林省分行将预算编制和管理过程中面临的主要困难和挑战归纳为以下几点：宏观经济金融走势、货币政策变化、汇率波动、存款冲时点、银监会对不规范经营的治理等。对这些因素影响的具体分析如下：

省分行多项业务发展受到宏观经济金融形势的影响。近年来，宏观经济呈现出较大的波动，当前金融脱媒、影子银行、外汇占款等多种因素影响社会流动性，社会流动性松紧变化对省分行存款的稳定增长产生较大的影响。

宏观货币政策调整以及利率市场化影响预算编制及管理。近年来，央行多次调整法定存款准备金率，并相应调整存贷款基准利率，扩大利率浮动范围，影响省分行可用资金，并对存贷款相关收益产生较大影响。

人民币汇率中长期升值走势与短期双向波动并存。外汇资产负债业务随行就市，对外币资产负债占比较大的省分行影响较大，一方面影响外币存贷款业务，市场环境变化影响部分外汇业务如汇利达产品组合，另一方面影响外币净息差从而影响本外币净息差。

另外，当前贷款投放面临较大的刚性需求，而存款呈现表外化。存款增长与贷款投放不平衡，受制于贷存比监管要求，商业银行普遍存在季末存款冲时点现象，存款的季节性波动不仅不利于省分行对存贷款的统筹管理，而且会抬高存款的付息成本。

最后，银监会对不规范经营的治理对中间业务收入影响较大。中间业务收入由爆发式增长回归正常增长路径，当前中间业务收入增长主要依赖于处理新业务，省分行产品与服务创新有待加强。由于社会对商业银行收费项目质疑较多，未来中间业务收入仍然面临较多的不确定性。

管理层应对措施

针对以上预算管理中面临的困难和挑战，省分行实施了以下应对措施。

积极与总行战略发展部、财务管理部保持沟通，了解总行对宏观经济金融形势的研究和判断，以及资产负债管理相关政策与措施；紧密联系业务部门，加强对市场、产品、客户的研究，突出业务发展重点，如推动行政事业单位存款与代发薪“双千亿”突破，夯实核心存款基础，提升业务发展的稳定性。

针对货币政策可能的变化，根据总行对未来利率、汇率走势的预测，结合业务部门预测，按月滚动编制预算，加强研究分析，密切关注全行流动性，运用敏感性分析等方法，深入剖析利率、汇率因素变化对省行存贷款收益的影响，并提出相应的管理措施。

进一步加强资产负债综合平衡管理，坚持以存定贷、综合平衡原则，积极推动存贷款平衡协调发展；加大存款拓展力度，设定日均存款目标，督促业务部门及辖内分行提高存款稳定性，缓解制约省行可持续发展的瓶颈。同时，贯彻落实总行相关政策，统筹本外币贷款，积极用好用足有限的资源。

落实银监会治理不规范经营的相关要求，规范、丰富相关金融服务内容，确保产品与服务质价一致，提高客户满意度；加强业务产品创新，夯实客户服务基础，提升中间业务价值创造力。

预算管理：挑战与机遇并存

神州银行总行的高级管理层已经认识到在现阶段实行经营性银行控股公司模式、增强集团管控能力十分重要。加强财务预算管理也已被纳入为达到提升集团管控能力这一战略目标的工作计划中。依照公开资料提供的信息，总行层面对相关计划的简要表述如下：“拉直总行对附属公司的预算管理，附属公司年度预算需报总行批准，并切实加强预算执行过程管控；加强集团费用统筹管理，将附属公司费用控制纳入集团成本管控范畴；加大对附属公司的战略性费用投入，促进附属公司持续提升综合能力。”

而在省分行层面，宠行长对预算管理实践的相关总结颇有代表性：“当前，宏观经济结构性不平衡、货币政策调整、银行监管要求等因素，对我行主营业务发展以及全行财务状况影响较大。年初编制预算时，存在一定的假设条件，如汇率、利率、存贷款日均进度等。在预算执行过程中，多种不确定性因素影响了预算的假设前提，从而导致年初预算随着时间的推移与实际有所偏差。财务管理部密切关注主要变化，积极与总行保持沟通，综合业务部门反馈，按月实施滚动财务预算，有效地缓解了不确定性因素对财务预算编制的影响，有效保障了财务预算的有效性与指导性。”

管理学大师彼得·德鲁克曾说过，企业的两大职能就是营销与创新。管理创新，特别是在财务管理领域的创新和变革，既依赖管理者的经验、灵感和智慧，也考验管理者的魄力、勇气和决心。神州银行未来的财务总监们，你们会如何应对变化环境中的预算管理所带来的困难和挑战呢？在发展的时代和崇尚变革的企业文化中，你们该如何抓住并领导预算管理创新的机遇呢？

案例使用指导

内容摘要

本案例内容基于神州银行道林省分行近三年的预算管理实践资料和情景，以省分行副行长兼财务总监宠行长作为核心人物，围绕变化环境中的预算管理这一主题展开讨论。案例的结构和基本内容如下。

宠行长的思考：截至 2011 年，道林省分行已经连续四年在神州银行系统内绩效考核排名第一。但让宠行长关注的则是省分行同期各项业务的预算执行情况的大起大落以及变化环境中的诸多外部因素对省分行有效预算管理的冲击和影响。宠行长同时也提出了这样发人深思的问题：在如此多变的环境中，省分行的预算管理还有哪些改革和创新的机遇呢？

神州银行道林省分行：介绍道林省分行的背景情况，包括近年业绩和业务类型。目前，神州银行道林省分行辖内有 11 家二级分行、10 家地区直属支行，全行现有机构 738 家，员工接近 20 300 人。近年来，神州银行道林省分行着力提升核心竞争力、软实力和可持续发展能力，经营发展取得了长足的进步。2011 年净利润达到 112.1 亿元；目前，该行在多个领域均处于市场领先地位。

道林省分行预算管理：介绍道林省分行预算管理的实践，包括预算管理组织架构以及各相关部门的职能分工情况；预算管理过程中所遵循的六条基本原则及其含义；年度综合经营计划指标体系（存款、贷款以及中间业务收入）；预算指标目标设定依据和基本方法；预算动态调整的情况；省分行与总行预算管理的关系。

变化环境中的预算管理：结合道林省分行近三年的预算管理实践，归纳出几条变化环境中预算管理的挑战，包括宏观经济金融走势、货币政策变化、汇率波动、存款冲时点、银监会对不规范经营的治理等。介绍省分行管理层的应对方案和措施，并对其有效性做出简要评价。依照总行关于提升集团管控能力和加强财务预算管理的要求和表述提出了如下进阶性的问题：在发展的时代和崇尚变革的企业文化中，财务总监该如何抓住并领导预算管理创新的机遇呢？

学习目标和要点

本案例的构思和写作参照了神州银行股份有限公司一级分行财务总监（CFO）高级管理职位胜任力模型。涉及的主要部分包括：财务管控胜任力中的预算控制要素；资源统筹胜任力中的大局观和资源配置要素；追求卓越胜任力中的质量管控要素。另外，本案例中围绕“变化环境中的预算管理”主题，四次简要引用了董事长卓忠芳关于神州银行战略定位、战略目标和集团管控的陈述，两次提到管理学大师彼得·德鲁克关于企业变革和创新的观点。这些引述的目的是帮助和引导学员在企业战略的层面和管理创新的宏观框架下思考和分析案例内容和相关问题，强化案例教学和讨论的战略意义和理论性。

启发思考题

1．如何评价道林省分行近三年的预算执行情况？

2．银行业的外部环境变化如何具体影响省分行的预算编制和管理控制？除了案例中提到的几点挑战外，你认为还有其他重要影响因素吗？

3．神州银行的战略定位和目标以及预期的集团管控模式如何指导和影响省分行的预算编制和管理？

4．如何从组织架构设计的方面进行有效预算管理？有什么创新模式？

5．如何有效搭建预算管理指标体系？所有指标都适用于预算计划和预算控制职能吗？哪些指标更适用于预算计划？哪些更适用于预算控制？为什么？

6．在有效进行预算分解（分机构、分部门或分产品）方面，如何有效进行预算执行监控与反馈结果处理？

教学计划安排

本案例可适用于约 3 小时的高管（财务总监）培训课程。

案例讨论可分成两个授课模块。对教学计划（180 分钟）安排建议如下：

模块 1：从宏观层面（外部环境）讨论预算管理　　约 80 分钟

1．提出引子问题：如何评价道林省分行的预算执行情况？　10 分钟

2．简要讨论神州银行面临的外部变化环境。　10 分钟

（可提前发给学员附属资料《神州银行业运行报告 2011 年度》）

3．讨论外部环境变化因素对预算管理的冲击和影响。　30 分钟

4．讨论分析总行战略和集团管控对省行预算管理的影响。　30 分钟

课间休息　　约 15 分钟

模块 2：从微观层面（企业战略）讨论预算管理　　约 80 分钟

5．讨论组织架构设计的方面进行有效预算管理。　20 分钟

6．讨论有效搭建预算管理指标体系的相关问题。　20 分钟

7．讨论预算分解和预算执行监控与反馈结果处理。　20 分钟

8．讨论预算管理的前沿与创新。　20 分钟

案例讨论总结　　约 5 分钟

服务基层日常工作

“人民，只有人民，才是推动历史发展的真正动力。”我们企业持续经营、基业长青的推手就是每位员工，而情景案例承载的就是他们价值

创造的智慧，他们既是企业成长历史的主人公，也是情景案例的写手，又是智慧创造的受益人。我们企业中的每个人，都理所应当地充分掌握情景案例的开发技术和使用技能，把我们的创造力不间断地创造出来。

我们的使命，就是让情景案例成为每位企业人开展工作的一种方式，人人都是优秀企业发展历史的创造者、记录者和推动者。高手在民间，让情景案例方法论在民间广泛流传吧。每位情景案例人，我们一起努力。

基于此，选择了一篇与银行基层员工互动、辅导孵化情景案例过程的文本，以便大家更好地理解情景案例方法论的实用价值，这是一种十分“接地气”的日常工作工具。我们都可以掌握，我们都可以成为企业变革的创想者、价值的创造者、智慧的贡献者。

案例开发过程指导

汇率差价谁来偿

内容摘要：客户李女士来到神州银行办理 2 万澳大利亚元的购买业务。等待期间，李女士查看了神州银行电视机公示的外汇牌价，并未发现外汇牌价系统故障的神州银行服务人员协助李女士办理完业务后，李女士发现购买牌价高于其看到的公示牌价，坚持要求神州银行补偿其经济损失。客户情绪该如何安抚?

指导老师：内容摘要的作用是引出案例的编写大纲，由三个句号组成。每个句号都由 3~5 个行为事项组成。很明显，目前的内容摘要对三个句号所包含的关键行为事项仍需要进一步提炼。例如，外汇牌价系统故障出现后内部管理者的决策线缺失，需要补充，当时主管、大堂经理、复核人员、支行领导等是如何为一线员工处置问题并提供支持和帮助的？这次事故之后，完善了哪些应对制度安排？如果没有这些引发大家认真思考的具体经营管理情景的描述，很难有针对性的研讨和启发，不能只就事论事。

关键词：外汇牌价、公示牌价、购买牌价、投诉

指导老师：关键词的作用是为了案例检索服务。建议使用：个人金融服务、运营系统风险、声誉风险控制、投诉应急处置。

2009 年海岛的冬天格外冷，打算去澳大利亚旅游的李女士在去神州银行办理业务的路上，车窗外的风刮得厉害，但是她想到即将到来的旅游假期，内心就温暖了起来。

不一会儿，李女士就来到了神州银行大厅。通过电视机显示的外汇牌价得知澳大利亚元的购买牌价为 487.38，李女士拥有一种春天来了的感觉，因为这个价格是相对较低的。于是她取号并耐心等待办理购买澳币业务。不一会儿，李女士来到柜台办理业务。通过沟通，柜员得知客户手中持有神州银行的借记卡，且并未办理购汇业务，便呼叫大堂引导员，让其协同李女士在 BST 机器上购汇，这样可以节省李女士的时间，李女士欣然同意。于是，大堂引导员直接帮助客户在 BST 机器上完成了 2 万澳大利亚元的购买业务，并将业务凭条递交给客户。李女士查看业务凭条时发现澳大利亚元的购买牌价为 489.68，便再次查看电视机显示的外汇牌价，电视机的外汇牌价依旧为 487.38。李女士心情顿时低落许多，她非常不解为什么银行外汇购买价格和公示价格不符，而且要比预想的多用 400 多元。这时 H 大堂经理在巡视过程中，发现客户的情绪变

化，及时上前问询。通过沟通及相关调查，大堂经理了解了整个业务的始末。

原来，由于银行牌价系统后台服务器故障，造成了电视机显示的外汇牌价未能实施更新，信息科技部未通知我部做出相应公示，而且神州银行柜员及引导员为客户办理业务时未对客户做牌价实时变动的相关提示，所以造成李女士误以为公示牌价即购买牌价。

H 大堂经理告知李女士外汇购买以业务成功交易时的实际汇率为准，业务凭条上显示了真实的业务交易。但是李女士坚持要求补偿其经济损失，坚持认为是神州银行的失误造成了其经济损失。长时间的沟通未果后，李女士情绪暴躁起来并拨打 9××××进行了服务投诉，声称此事件属于银行欺诈行为，如果差价得不到补偿，将会向相关媒体曝光。

假如你是该行大堂经理，你会如何安抚客户情绪，避免投诉升级?

指导老师：这个问题很好，但案例并没有给出引发大家展开深度研讨的情景描述，这样会不聚焦主题，不能入案例研讨、出案例启发复制推广，往往会造成自说自话。

因此，本案例正文还有大量可以挖掘的内容，需要系统的反思，充实内容，不能戛然而止。

案例使用指导

汇率差价谁来偿

适用对象

营业网点大堂经理。

指导老师：范围窄了。网点柜员、大堂经理、理财经理、私行经理、网点负责人等，以及牌价系统管理人员、保卫人员、办公室人员等。

使用目标

通过案例研讨，让大堂经理认识到面对客户投诉需要厘清责任，若为神州银行失误造成客户的损失，便应当勇于承担；大堂经理要认识到预处理和标准化服务流程的重要性，了解投诉的类型，以及突发事件的处理流程。

启发思考题

客户需求补偿方法。

指导老师：这个提法非常好，但要给出你们的可行方案。要通过案例学习读者可以得到这些补偿方法。

客户要求不能及时满足时的应对措施。

指导老师：这个提法也非常好，但要给出可以复制推广的具体措施。要通过案例学习读者可以得到这些应对措施。

每个人提出处理方法以及后期补救措施。

指导老师：这里直接将案例中处置的可复制、可借鉴、可推广的点一一给出来，是答案，是这个案例的真正价值!!!

一定要牢记：我们的案例不是总结、不是业务报告，而是经营管理情景复盘，要让更多的人可以习得，要不吝惜自己的独创性。

所以，案例是推动经营管理工作的重要工具。

案例开发过程指导后的定稿

汇率差价谁来偿

内容摘要：客户李女士来到神州银行办理 2 万澳大利亚元的购买业务。等待期间，李女士查看了神州银行电视机公示的外汇牌价，并未发现外汇牌价系统故障的神州银行服务人员协助李女士办理完业务后，李女士发现购买牌价高于其看到的公示牌价，坚持要求神州银行补偿其经济损失。该行大堂主管本着先安抚客户情绪再解决问题的投诉处理原则及时化解了客户投诉，有效防范了神州银行声誉风险。本案例再现了运营系统风险、投诉应急处置和声誉风险控制的关键情景，警示网点大堂服务人员应对突发的运营系统风险，要做好现场管理，日常工作要做好现场管理的预处理，加强服务销售流程标准化的培训，不断提升服务质效。

关键词：个人金融服务、运营系统风险、声誉风险控制、投诉应急处置

2009 年海岛的冬天格外冷，打算去澳大利亚旅游的李女士在去神州银行办理业务的路上，车窗外的风刮得厉害，但是她想到即将到来的旅游假期，内心就温暖了起来。

外汇购买：公示牌价不是购买牌价吗

不一会儿，李女士就来到了神州银行大厅。通过电视机显示的外汇牌价得知澳大利亚元的购买牌价为 487.38，李女士拥有一种春天来了的感觉，因为这个价格是相对较低的。于是她取号并耐心等待办理购买澳币业务。不一会儿，李女士来到柜台办理业务。通过沟通，柜员得知客

户手中持有神州银行的借记卡，且并未办理购汇业务，便呼叫大堂引导员，让其协同李女士在BST机器上购汇，这样可以节省李女士的时间，李女士欣然同意。于是，大堂引导员直接帮助客户在BST机器上完成了2万澳大利亚元的购买业务，并将业务凭条递交给客户。李女士查看业务凭条时发现澳大利亚元的购买牌价为489.68，便再次查看电视机显示的外汇牌价，电视机的外汇牌价依旧为487.38。李女士心情顿时低落许多，她非常不解为什么银行外汇购买价格和公示价格不符，而且要比预想的多用400多元。这时H大堂经理在巡视过程中，发现客户的情绪变化，及时上前问询。

H大堂经理和李女士耐心地解释，外汇购买以业务成功交易时的实际汇率为准，业务凭条上显示了真实的业务交易。但是李女士坚持要求补偿其经济损失，坚持认为是神州银行的失误造成了其经济损失。长时间的沟通未果后，李女士情绪暴躁起来并拨打9××××进行了服务投诉，声称此事件属于银行欺诈行为，如果差价得不到补偿，将会向相关媒体曝光。

安抚了情绪才能处理问题

伴随着情绪的日益激动，李女士发泄不满的吵嚷声也不自觉地高起来，引来了大厅里其他客户的侧目注视。事态的影响骤然扩大了。

听到大厅里刺耳的吵嚷声，M大堂主管闻声而来，穿着高跟鞋的她步伐却越来越快。

在面对李女士的那一刻，M大堂主管脸上满是温暖。为了能更好地沟通，帮助李女士尽快解决问题，她将李女士引导至安静的会议室，语言上的安抚让李女士稍稍平静了一点，一杯温水颇有舒缓烦躁情绪的效果。

李女士语调比之前平缓了许多，她向 M 大堂主管描述了自己做业务的过程。李女士最后说："从我进入大厅直至买完 2 万澳大利亚元，你们的牌价始终都是 487.38。你们办理业务的人也从未提示我有其他牌价，也没说牌价实时变动，我就要求你们银行按照这个牌价卖给我澳大利亚元就可以了。"

M 大堂主管很认真和耐心地听完客户的抱怨，真诚的双眸、温馨的口吻、良久的理解和安慰让李女士对 M 大堂主管有了一种发自内心的好感，李女士的语气慢慢缓和下来。

对于客户的要求，M 大堂主管感到了有些棘手，因为客户是在自助终端 BST 机器上购汇的，业务交易无法做冲正处理。她和客户解释道："李女士，您的情况我了解了。由于神州银行的失误，给您造成了误解，我深感抱歉。由于 BST 交易无法冲正，因此您先稍等，我想办法看看咱这个业务怎么处理。"此刻的李女士，看到态度真诚的 M 大堂主管，心情慢慢平复了许多。

走出会议室，M 大堂主管立即找到 H 大堂经理，问清了事情的来龙去脉。原来，银行牌价系统后台服务器故障，造成了电视机显示的外汇牌价未能实施更新，而神州银行柜员及引导员为客户办理业务时未对客户做牌价实时变动的相关提示，所以造成李女士误以为公示牌价即购买牌价。

H 大堂经理向 M 大堂主管汇报：在我部联系信息科技部时，该部门正全力进行系统抢修。M 大堂主管重点再次核实了显示的外汇牌价，那一刻，487.38 显得格外刺眼。M 大堂主管要求立刻做出外汇牌价系统故障的客户提示，避免对其他客户造成信息误导。

十分钟后，M 大堂主管携带了一份客户礼品再次返回会议室，并向李女士解释："刚才我和对私业务主管仔细沟通过了，非常抱歉 BST 交易不能冲正，但为了尽力弥补您的损失，希望您可以收下神州银行的这份礼品。"就礼品的价值而言，市场价格不及 400 元的差价，但重在实用贴心，其中包含行李打包带和转换插头，可以方便李女士的国外旅行。李女士最终被神州银行服务人员的真诚所打动，说"我看到了你尽力想办法帮我解决问题，同时我也了解了你们工作确实有难处。"

M 大堂主管和 H 大堂经理将李女士送出神州银行大厅，直至李女士开车离开神州银行停车场。M 大堂主管返回营业大厅时，外汇牌价系统已经恢复正常，这才松了一口气。对大堂服务人员来讲，后台服务系统的正常运行实在是太重要了。一直以来，正是由于中后台部门的大力支持，营业现场才能够井然有序。一旦发生故障，无疑就像埋下了一颗定时炸弹，会对神州银行的服务品质产生致命的杀伤力。这次事件说明，服务品质的保障不仅仅是一线部门的事情，也需要神州银行中后台部门的强有力的支持。

差价不止于补偿

下午 5 点 15 分，结束营业的神州银行大厅让人觉得格外冷清。这时，会议室内大堂经理小组开始了每日的班后总结会议。

这场投诉为何得以有效化解？M 大堂主管通过以往的工作经验，深知客户不满时只想做两件事情：发泄不满情绪和解决业务问题。因此，她总结应对投诉的原则便是：先安抚客户情绪，再解决问题。作为银行服务人员，必须心怀一颗服务客户的心，面对问题，如果是神州银行的失误造成的，一定要勇于承认错误并承担责任，寻求各种办法弥补客户损失。当客户提出的需求无法满足时，要尽量找出比较合理的补偿方案。当大堂服务人员竭尽全力寻求解决方案时，客户能够感受到那颗真诚服务的心，投诉往往也就“出乎意料”地被化解了。

M 大堂主管还要求大堂服务人员加强大堂服务的管理能力，面对突发的系统故障，绝对不能置之不理，一定要及时补救，做好客户提示，避免运营系统风险的扩散以及不必要的客户投诉。同时要联系相关部门尽快修复，保持营业秩序的正常运行。

同时，对待每次投诉，不仅要总结投诉的处理方式方法，更重要的是，反思服务中的薄弱环节，鞭策自己不断提升服务质效，避免类似投诉的再次发生。

这次投诉让大堂服务人员学习到以下两点：

1．大堂服务要做好现场管理的预处理。倘若我们能第一时间发现外汇牌价系统发生故障，及时做好相应的客户提示，就不会让李女士产生误解。智能化网点建设的时代已然来到，不久的神州银行大厅会有更多的服务设备，服务设备发生故障易引发运营系统风险和声誉风险。为此，大堂服务要继续完善设备巡检制度，设备发生故障要第一时间做好客户提示，然后联系技术人员尽快修复，竭尽全力保证服务设备的正常运行。

2．加强大堂服务人员服务销售流程标准化的培训。如果大堂引导员按照严格的服务销售流程提示客户查看 BST 机器上显示的外汇牌价并做外汇牌价实时变动的提示，这场投诉也不会发生。因此，我们必须认真梳理服务销售流程，绝不能对服务流程环节“偷工减料”，并且加强服务销售流程标准化的培训，进一步提升大堂服务人员的服务素质。

案例使用指导

汇率差价谁来偿

适用对象

营业网点柜员、大堂经理、理财经理、私行经理、负责人，以及牌价系统管理人员、保卫人员等。

使用目标

通过案例研讨，让大堂经理等相关工作人员认识到预处理和标准化服务流程的重要性，了解投诉的类型，以及突发事件的处理流程；学会经营管理高效协调沟通的方式、方法，提升网点服务能力。

启发思考题

1．本案例中客户需求补偿的方式、方法有哪些是可控的、有效的？为什么？

2．当客户要求不能及时满足时，采取了哪些补救措施？又是如何内化为未来应对措施的？

3．请大家结合岗位工作经验，给出每个人的处理方法以及后期补救措施的建议方案。

智慧源泉

照顾全局，照顾多数及和同盟者一道工作

毛泽东

共产党员在领导群众同敌人斗争的时候，必须有照顾全局，照顾多数及和同盟者一道工作的观点。共产党员必须懂得以局部需要服从全局需要这一个道理。如果某项意见在局部的情形看来是可行性的，而在全局的情形看来是不可行的，就应以局部服从全局。反之也是一样，在局部的情形看来是不可行的，而在全局的情形看来是可行的，也应以局部服从全局。这就是照顾全局的观点。共产党员绝不可脱离群众的多数，置多数人的情况于不顾，而率领少数先进队伍单独冒进；必须注意组织先进分子和广大群众之间的密切联系。这就是照顾多数的观点。在一切有愿意和我们合作的民主党派和民主人士存在的地方，共产党员必须采取和他们一道商量问题和一道工作的态度。那种独裁专行，把同盟者置之不理的态度，是不对的。一个好的共产党员，必须善于照顾全局，善于照顾多数，并善于和同盟者一道工作。我们过去在这些方面存在着很大的缺点，必须注意改进。

典范研究

情景案例在银行

神州银行情景案例汇编应用场景实证分析

情景案例汇编作为商业银行经营管理、业务发展的直接成果沉淀与展示，得到了普遍重视。结合商业银行的重点工作，通过主题活动、培训等多种渠道，收集经营管理、风险管控、金融等主题的案例形成汇编，并以文本、PPT、视频等各种形式应用于教学、宣传、会议等场景中，充分发挥案例汇编的宝贵价值。图 1-5 为案例汇编在商业银行案例工作模式中的位置。

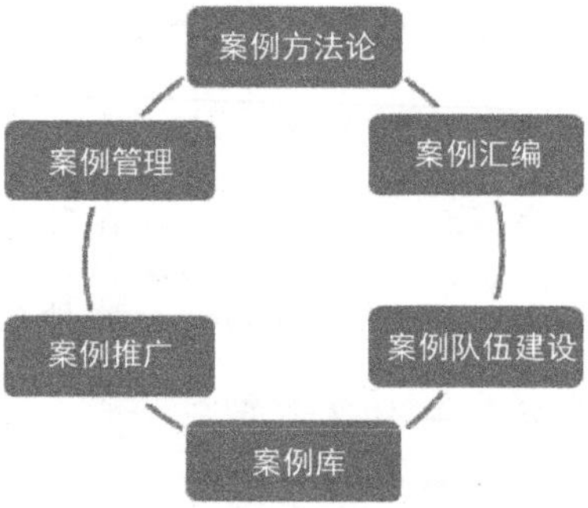

图 1-5　案例汇编的位置

情景案例汇编开发流程已经相对成熟。完整的开发流程通常包含四个步骤：规划、收集、筛选、成册。首先，结合战略目标要求和项目定位规划主题和案例汇编架构，明确流程、责任人和组织机构。其次，通过人力条线或业务条线进行案例收集。再次，由业务条线或基层支行进行初步筛选，提交上级业务部门或人力部门，最终通过省分行组织确定的案例评审小组进行评审筛选。最后，对优选案例排版加工、审核校验完成整个开发流程。

案例汇编通过不同场景的应用，使案例价值得到了最大限度的发挥，助推业务经验复制和组织能力提升，促进经营管理、团队建设和人才培养。

- **应用于教学**。各分行在征集案例时，对于案例的教学设计也进行了要求。既帮助案例开发人员在案例开发环节就能对案例的教学应用进行思考，也为后续使用案例进行教学的人提供了便利。例如，某行“智库”项目案例汇编中的案例，每篇案例附有案例教学指导，包含教学对象、教学目标、思考题、讨论分析四个要素，帮助案例使用者更直接地理解、选择案例。
- **应用于工作会议。**在总行高层“无案例不汇报”的思想指导下，将案例融入分行各级工作会议成为案例的应用常态。某行连续三年将案例分享作为年中工作会的必备环节。图 1-6 为案例汇编借助案例训练营推动商业银行经营管理价值转化的工作模式。

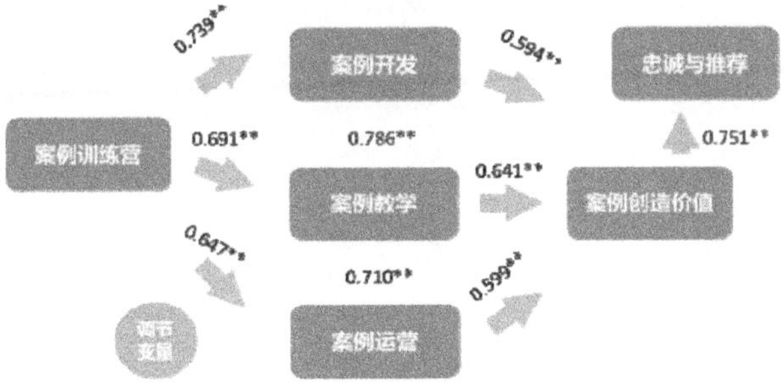

**表示有效性分析在 0.01 水平上（双侧）显著相关。

图 1-6　案例汇编推动价值转化的工作模式

- **应用于各种宣传活动。**各分行结合自身工作部署、目标及特点，组织开展巡讲、开发视频案例传播、案例学习分享、案例交流研讨会、案例微课制作大赛、上传在线学习平台和公众号等不同形式的应用，使案例能够在不同渠道、不同平台、不同媒介上实现成果共享。如某行在案例汇编发布后，组建分行层面宣讲团紧锣密鼓地开展案例巡讲活动。宣讲团深入业务一线，面向支行管理层和业务骨干进行全面深入的案例讲解与分析。微学堂、“微”移动学习平台、银苑公众号、宝典学习平台等诸多平台的使用，推进了案例学习的常态化、便捷化、网络化，营造了“无案例不学习”的浓厚氛围。
- **应用于日常工作。**对于贴近一线业务、篇幅较短的基层典型业务案例，融入业务部门的晨会、夕会和其他业务时间，要求员工读案例、讲案例、评案例，撰写心得，反思案例得失经验，优化工作内容，并对公司内控环境建设、业务改进等提出相关建议，使案例能够直接指导业务实践。例如，某分行推行营业网点“晨会案防一分钟”工作机制，在晨会上分享研讨案例，有力地强化了安保意识。

第 2 章

创造情景案例

情景复盘

华恕集团有限公司董事长卓忠芳刚刚到任一个月，集团上上下下深深感受到了他与“声”俱来的不同。

首次发声，在集团中层干部以上人员见面会上，坦言“尽职履责，率先垂范，向免责文化开战，找到经营管理工作匠心能手，打造企业鲜活案例典范标杆”，营造“见贤思齐、简单清新、务实”的工作氛围。

再次发声，在集团党委民主生活会上，声情并茂地讲述了“自己在履行主体责任和监督责任工作中是怎么跨越心理冲突、人际冲突和角色冲突三道门槛的”，道出了内心的真实思考与抉择过程，得失结果的解剖反思，底线思维与创新工作的进退权衡，党的纪律与行为规矩的遵循原则与灵活尺度的把控，等等。向党委班子发出倡议，大兴务实工作作风，养成“质疑小我，修复大我”的工作习惯，“人人自己动手写案例，把破解工作问题、思考抉择决策、反思结果评价、遵从内控法则的过程都要真实地写出来，记录下来，还要找准适合时机，把自己的心路历程进行情景案例复盘”，分享给企业里那些最有用的人。党委倡导这种“情景案例工作化，工作情景案例化”的工作模式和务实的情景案例工作方式。

第三次发声，在与神州银行董事局主席展登磐共建“一带一路”倡议合作框架协议签约仪式上，倡导双方“共建共享情景案例库资源，携手共谋共荣中国‘强起来’新时代经济发展红利，用情景案例记录下新时代奋斗者的思想智慧”。

三年来一贯谨言慎行的监事长薛贞伦，在党委民主生活会上，全心倾听了党委书记、董事长卓忠芳的发言，作为领导班子“从自身经历的职业经理人角色认知转换入手，畅谈对董事长倡导的转变工作作风的认识”，情真意切、感同身受地表达说，“情景案例是企业里持续发生的、鲜活的、生动的、具体的工作过程，既有成功的经验叙述，又有不成功的教训记录，写的过程中实际是一种复盘反思工作实践的过程”；“情景案例这种独特的形式，不仅是企业文化传播的素材，还是企业经营理念的载体，不仅适用于干部教育培训场景，更适用于日常经营管理场景中”；“情景案例在推动战略落地、业务拓展、日常管理、案防合规教育和基层党组织力建设等方面发挥着越来越大的作用”。

情景案例既可以是成功经验的总结与分享，也可以是失败事件的反思与升华。情景案例为未来国有企业知识库的构建必将发挥不可替代的作用。事实表明，情景案例在大量企业中已经逐步发展为一种被广泛使用的经营管理方式。

关于案例

案例，是人们在生产生活中所经历的典型的富有意义事件的陈述。它是人们从经历中有意截取的对于人们的学习、工作、生活中具有重要借鉴意义的信息集成。因此，人们常常把案例作为一种工具进行说服，进行思考，进行教育。案例在人们的研究中形成了一定的书写格式、标准样式，为人们更好地使用案例提供了很多方便。基于案例的教学是通过案例向人们进行有针对性的教育的有效方式。

“案例”有“个例”“实例”“个案”等不同的表达。最初起用“案例”一词，是医学界对医案及个别病例的统称。具体讲就是，对病情诊断、处理方法的记录，以便有据可查。根据案例，我们可以对相关问题进行深入的研究和分析，从中寻找带有规律性和普遍性的成分，这是应用性学科最快捷和最准确的研究手段及方法之一。在心理学、管理学、教育学及医学、法学等学科中，案例分析早已成为行之有效的研究工具。而作为应用性极为广泛的公共关系学，其案例分析同样在整个体系中占有重要位置。

总的来说，案例在不同的领域、不同的认识中说法不一样。一些人认为，案例是含有问题或疑难情景在内的真实发生的典型性事件。另一些人认为，案例是研究者感兴趣的一类事件中的一个实例。对这两种观点综合可得，案例就是指人们对已经发生过的典型事件的捕捉性记述，类似于故事，但又不是一般的故事。

研究发现，人们在案例分析与挖掘中，无论是哪种真实案例，都无一例外地包括四个要素。

真实而复杂的情景。案例是对一个真实情景的描述。

典型的事件。真正的案例描述不是记录流水账，而是对于非常典型的有代表性的情景进行勾画。也就是说，案例是人们特别关注的焦点情景的陈述。当然，要具体简洁地交代其焦点产生的背景、条件和原委。

多个问题的呈现。一个案例要显出冲突性、高潮性，必须有多处问题或者疑难问题的出现。这是案例本身所包含的潜在亮点。

典型的解决方法。案例既然是一个不一般的故事，很多人都会关注故事的结局，即有一个或多个解决方法的记述。这个结局固然对人们不是很重要，人们完全可以凭借自己的理解去试图猜想解决的方法，但无论如何，故事本身的解决办法是局外人无法实现的。这样一来，它是可以起引发或刺激新的想法和行为的作用的，这也是把这样的故事叫作案例的重要原因。因此要进行抛砖引玉式的点缀。这种点缀应该只是客观地对事情真相进行中性描写。

因此，人们在书写一个案例时，基本上要注意突出以上四个要素，这有助于人们更好地理解案例、研究案例。

当置身于企业真实的经营管理工作中，站在企业成员的视角，把案例和企业做连接性研究时，我们就会发现有大量的现实问题要寻找答案：

- 案例和企业究竟是什么关系？
- 案例能给企业带来什么？
- 什么样的案例对企业最有用？
- 企业案例承载什么内容最好？
- 企业内案例的最佳写手是谁？
- 企业应该如何搭建一套高效的案例开发、使用与运营管理体系？
- ……

情景案例学说便应运而生。这是一套基于中国企业真实经营管理情景的最新案例理论与实践体系。

创设情景案例的逻辑

定义的内涵与外延

情景案例以推动企业经营管理价值创造为目的，依托企业典型业务项目，展现决策层、执行层和经办层，遵循内部控制管理规范，采取经营管理行为的真实过程，挖掘出在组织中可复制、可借鉴、可推广的价值点，提升经营管理能力和价值创造能力。

情景案例是现实企业经营管理工作过程的水墨画式再现，承载着企业经营管理的智慧。企业结合自身行业特点和企业内部组织学习需要，开发设计情景案例。企业以培养员工经营者思维及意识为核心，促使员工亲身参与案例开发，通过案例体现管理的科学性与艺术性的统一，还原具有企业经营特点的、发生在每位员工身边的、具体的、落地的管理“情景”，而非其他组织发生的、抽象的、宽泛的管理“情景”。这些案例都与企业经营管理工作情景对接，真实地记录了经营管理者的管理智慧和广大员工的创新成果，再现了企业经营管理的改进和改善实绩。案例在推动日常工作中发挥了不可或缺的作用，案例研究工作方式正在成为各级经营管理者的必备技能。

正确理解情景案例，首先就要在脑海中再现自己所在企业的每日运行场景。以传统制造业为例，战略、研发、生产、销售、市场、运营、财务、人力等各个部门每天都在做什么呢？每天企业里都发生着什么样的真实经历呢？每个部门、每位员工工作内容不同又彼此协同，为了企业的目标与使命奋斗着。企业的每个部门、每位员工构成了企业的内部组织结构与血液，同时企业产品或服务的用户、合作方、竞争者、社会公共管理机构等构成了企业的外部环境。内外部环境构成了企业这个生命体的活动场景，内外部人员构成了企业生命体的活动主角。

情景案例研究的对象即与企业的每个部门、每位员工在真实的内外活动场景下发生的一个个鲜明的经营管理故事密切相关。这些故事无时无刻不在企业中真实地发生着，正是一个个情景案例构成了企业的生命力。情景案例是基于真实的经营管理工作内容，由亲历者来撰写，同时由组织内外部专家辅助撰写完成的。

理论逻辑框架

情景案例的逻辑框架究竟是怎么构成的？基于十余年坚持不懈的大量的实务工作实践和理论创新总结，将情景案例理论逻辑要素体系简述为“一、二、三、四、五、六”，即一种工作方式，两大思维变革，三条结构主线，四个工作情景，五项基本原则，六步集成方法。我们将每项要素所承载表达的真实定义的内涵和外延表述如下。

一种工作方式

一种工作方式可理解为“情景案例工作化、工作情景案例化”。找准案例与日常工作的连接点，聚焦“人如何干事”的工作情景，将企业中人与事互动的“工作情景”作为案例内容，真实记录下企业经营管理的决策者、执行者和经办者面对具体工作时的所思、所想、所言、所行，进而立体化、全景式展现企业员工实现价值创造的过程，或者价值灭失的过程。这就是说，情景案例承载着企业员工真实的做人做事能力、自我修复过程，记录着企业价值创造的心路历程。让情景案例成为各级经营管理人员和广大员工自我教育的利器，这就解决了企业经营管理工作最直接、最有效的工作方式问题。

“情景案例工作化”即将已有的情景案例的价值点复制、借鉴、推广至当下的工作中；“工作情景案例化”即对日常的工作内容要不断反思总结每个细节，养成将其成文为一篇情景案例的工作习惯，为后期的案例经验学习奠定基础。

“情景案例工作化、工作情景案例化”是一个循环往复的工作方式。情景案例源于企业经营管理的工作过程，又服务于企业培训机构的培训活动，服务于企业系统的人才培养工程，服务于企业机构的经营管理工作。

两大思维变革

变革是企业人员将工作思维模式，即业务报告思维模式和工作总结思维模式转化升级为情景案例思维模式。这种变革转化的程度需要长期培养和反复实践，从而决定了情景案例工作价值的深度和广度。

工作思维是以岗位职责为引领的履责工作目标，“在位做事、就事说事”，讲究的是只看重结果，以结果论英雄，可以表达为站在本职工作岗位思考本职工作。

情景案例思维则是完成工作任务目标的发生、发展和结果全过程的系统化和结构化反思复盘，要跳出本职工作岗位思考本职工作，这是“在位做事、越位思考”的思维跨越。只有掌握以情景案例思维去审视日常工作，才能自我否定、觉察、质疑、发现、分析典型业务问题，发掘情景案例题材，应用情景案例模式，获得商业价值，才能激活“在位做事、越位思考”的本能，进而创造性激活与生俱来的情景案例思维本领。

情景案例思维和工作思维二者具有本质上的差异，这种差异只有潜心在情景案例开发和应用中的人才能真正悟到。这个过程往往是企业人员思想升华的过程，情景案例开发人员的心路历程在这个过程中得到了一次又一次的验证。因此，情景案例思维是指在具体工作中，需要从经营管理的角度审视自己的工作，“在位做事、越位思考”，从案例的全方位角度思考工作。具体来说，情景案例思维就要挑战日常工作中的业务报告思维和工作总结思维，这一点对情景案例撰写者来说是至关重要的一环，需要将业务报告和工作总结的内容进行扩充，转换为充满决策抉择、协同冲突、操作风险等真实矛盾解决过程的情景案例。

如果不变革思维模式，就很难对业务报告和工作总结进行情景的扩充，因为旧的思维模式会潜意识屏蔽很多重要的细枝末节。变革思维模式成败的关键在于，如何确保案例写手既要完成工作报告向经营管理案例的转化，又要完成工作思维向情景案例思维的转变。

三条结构主线

围绕时间线、情景线、决策线构建案例大纲。这里主要解决案例结构的搭建问题。

- 时间线。情景案例通常会以一个典型的业务项目为载体展开，贯穿业务发生、发展和完结的最清晰的就是时间线。案例发生的关键事件一般按时间顺序展开。

- 情景线。情景案例的情景线可清晰地展现四大情景，即问题情景、决策情景、评价情景，以及贯穿三个情景中的法则情景。企业的经营管理通常围绕重点工作来展开一个又一个工作项目。我们选取的一个典型业务项目在不同时间节点上决策者所处的工作情景不同，自然会围绕不同的情景展开；即使面对同一工作情景，处于不同时间节点上的决策行为也不同。因此，要学会将时间线与情景线相结合的方法，掌握情景案例的结构化技巧是情景案例写手的关键技能之一。
- 决策线。即案例发展过程中的决策点连接成线，形成案例的主线，决策层层递进。这是情景案例的魂。这个扣动读者心弦的决策线，一定要基于不同的时间线和情景线所组合的情景中的决策者波澜起伏的心路历程。

用这三条线可以梳理情景案例的整个发生过程。时间线即按照经营管理案例的时间顺序缕清案例的情节顺序；情景线即在时间线的基础上对经营管理案例各个阶段的情景过程进行分类整理；决策线即在时间线、情景线的基础上，对案例的各个决策进行梳理，按照决策的先后顺序、重要程度进行案例结构的搭建。简而言之，这三条线主要用来进行情景案例的过程梳理，使案例逻辑性更加清晰。

通过初步梳理就基本实现了两大思维模式的转化。实现转化的核心要点是，将业务报告和工作总结中的时间节点转化为情景案例的时间线；将业务报告和工作总结中的重点事件转化为情景案例的情景线；将业务报告和工作总结中的重要选择转化为情景案例的决策线；将业务报告和工作总结中的经验教训转化为情景案例的价值点。实现转化的关键在于，将业务报告和工作总结中的重要选择转化为情景案例的决策线。但是往往会遇到“重要选择”信息不够的情况。解决这个难点的突破口就是让情景案例的亲历者担当写手，把业务报告和工作总结中未能记录的两难抉择、波澜曲折的心路历程淋漓尽致地表达出来，将利益相关者的不同诉求，比如，如何解决冲突与平衡、原则性与灵活性、小我与大我等真实经营管理智慧记录下来，成为企业的“资治通鉴”。

四个工作情景

即“问题情景”“决策情景”“评价情景”“法则情景”。

情景案例是要还原企业经营管理的工作过程。我们把企业经营管理的工作过程提炼为四大情景，即面对问题、做出决策、进行评价、运用法则，这是企业经营管理情景案例必须具备的工作情景。

企业经营管理的工作过程是面对问题并解决问题的过程，这个过程需要进行决策，并需要对决策结果进行评估，从而完善决策。而整个过程需要基于企业外部的法律法规、企业内部的规章制度来展开。还原工作中的情景主要有四个：第一，面对问题。还原在工作中遇到的困惑及需要解决的问题情景。第二，做出决策。还原工作过程中决策人的思考过程，即描述决策人是如何分析问题、提出可行方案的。第三，进行评价。还原工作过程中对备选决策方案进行评价并做出决策的情景，即在当时情景下决策人是如何考量各种方案的优势和劣势的。第四，运用法则。还原凝练日常经营管理中得失背后遵循的法则，哪些是可借鉴的，哪些是可复制、可推广的。

四个工作情景是在三条结构主线的基础上，对情景案例进行分类解剖的方法，可见，对情景案例的撰写和学习是有规律可循的。

五项基本原则

即情景案例要鲜活、有高度、语言生动、可复制借鉴、可推广。回答了在纷繁复杂的企业经营管理活动中，究竟哪些内容值得写成情景案例的问题。

情景案例源于企业真实的经营管理实践，具有与生俱来的先天特质。情景案例创作的指导原则就是既对已发生的业务实践进行完整描述和总结，又从经营者的角度对业务实践过程和结果进行总结、提炼和反思，进而形成可复制借鉴、可推广的业务范本。案例的写作要求创作者同时扮演“解说员”和“解剖员”的角色。“解说员”要能够发现问题并还原案例场景。“解剖员”要能够对关键问题和关键决策进行分析和评价。

“鲜活”是指情景案例应当具备时效性，是企业近期发生的案例。因为企业内外部环境变化很快，经营管理一直处于动态中，如果案例是发生在几年甚至十几年前的，那么拿到现在来学习，已不具备现实意义。因此，“鲜活”是企业情景案例最显著的特征，也是情景案例在企业中存在的根基，更是企业强大生命力的体现。

“有高度”是指情景案例的站位要高，立意要新，选题要准，其对企业的战略决策层、管理层、操作层均产生了一定的影响。这里的高度主要是“在位做事”的同时要能够“越位思考”，凡是具有“越位思考”品质的案例素材都有必要转化为情景案例。这里的高度更强调“接地气”，情景案例要展现经营管理实践中上下穿透、平级协同的真实状况。因此，“有高度”这项原则就成为甄别情景案例思维的核心原则。

“语言生动”是情景案例不同于业务报告、工作总结最显而易见的地方。情景案例需要真实、生动地还原工作场景，工作结果不是情景案例的唯一追求。面临真实问题，解决现实问题，决策的过程才是情景案例的生命力所在。这项原则强调情景案例文字来源于“真人、真事、真过程”，将真人的话直接写进来，“原汁原味”代入感更强。因此，亲历者必然是情景案例的最佳写手。生动的语言不仅可以使案例的情景性更强，同时对于情景案例的读者而言，可以有助于其在脑中立体呈现案例。此外，生动的语言可以加强情景案例的可读性。

“可复制借鉴、可推广”是情景案例撰写工作的初衷和目的。因此，情景案例的价值点挖掘工作非常关键，同一条业务或职能线的案例价值点借鉴学习相对比较容易，那么对于不同业务条线或职能线，情景案例的价值点该如何借鉴学习呢？这就涉及“有高度”这项原则了，即在情景案例价值点提炼时，需要上升到抽象层面，增强普适性。

六步集成方法

即“聚焦主题”“列出关键事项”“排序”“合并”“整合”“质疑”。这六大步骤就是解决如何写出情景案例问题必不可少的关键环节。

“聚焦主题”是使用五项基本原则对案例素材一一校标，对案例素材核心价值提取的过程，把具有可复制借鉴和可推广的价值点用文字来表达，并将其凝练为案例主标题，或相互映衬的主副标题组合。

“列出关键事项”是对界定主题的案例素材范围，对案例素材中的决策者、执行者、经办者如何发现问题、如何解决问题、如何评价问题等按照时间线、情景线、决策线分门别类地列示出来。

“排序”是对分门别类列示的关键行为事项按照发生的先后顺序或关联关系、逻辑顺序排列。

“合并”是指找到关键行为事项排序的“最大公约数”，尽可能剔除排序中门类间的相同事项，把门类的界线划定清晰。这些界线就可以转化为阐述主题论据的标题。

“整合”是按照主题方向将主题论据依照逻辑顺序展开并集合为案例文章的过程。

至此，经过以上步骤就形成了案例的“一进一出”初稿。这只是万里长征的第一步，还必须进入更加关键的“自我否定”的第六步“质疑”。

“质疑”是情景案例至关重要的环节，就是勇于“自我否定”，再认认真真地走一遍“聚焦主题”“列出关键事项”“排序”“合并”“整合”，形成情景案例二稿，即“二进二出”的“自我否定”稿；还要再一次认认真真地走一遍“聚焦主题”“列出关键事项”“排序”“合并”“整合”，形成情景案例三稿，即“三进三出”的“否定之否定”稿，就是案例定稿。

“质疑”的这一步自我否定是最难做到的。只有做到自我的否定之否定，才能实现自我认知质的跨越，这是情景案例写手必过的一道坎。掌握了这个思想跨越方式，就成了企业经营管理智慧萃取的高手。

情景案例的结构

结构组件

一篇规范的情景案例在结构上包括主标题、副标题、内容摘要、关键词、正文，以及相对独立的案例使用指导。

主标题要直接突出案例的价值点，副标题可以对案例基本信息进行概括式介绍。

内容摘要是对整个案例的缩影，通过高度凝练的语言用关键事项以三句话概括出来，第一句点明工作面临的问题和挑战，第二句回答解决问题之道或应对之策，第三句指出可复制借鉴的价值点和可推广的范围。

关键词是对情景案例事件本身的类型、问题、决策、价值点的提炼。

正文部分展开要领：① 还原日常经营管理四情景，问题是引领，决策是核心；② 以经营管理工作推进程序展开；③ 以决策线为主线条，将情景线和时间线有机组合，形成案例结构单元；④ 出发点：以终为始，围绕一个目标设计结构大纲；⑤ 思维方法：在位做事，越位思考；⑥ 价值点挖掘：跳出岗位框框，站在企业层面审视、重检、反思、挖掘可复制借鉴的价值点并界定可推广的范围。正文部分主要由问题情景、决策情景、评价情景、法则情景组成，最后需要就价值点进行归纳和总结。

为了使案例的目的性和针对性更加明确，还需要增加案例使用指导部分。这部分主要是明确情景案例的使用目标、适用对象，设置启发思考题。

使用目标是甄选案例首要也是最重要的标准。案例使用目标应直面学员所要解决的问题，确保使用目标的准确性。要明确学员特点，匹配案例难度，判断案例价值。运用三级筛选漏斗工具，对三个层级的问题进行处理和筛选，最终将培训需求问题转化为可操作的案例使用目标。三个层级依次是：判定培训需求问题类别；判断该问题能否通过培训来解决；判断该问题是否具备培训价值。

情景案例一定要有创想者、构架者、创作者，把案例的价值点通过案例适用对象传达出去。案例的价值点由案例价值的展现者展现，案例价值的展现者是案例的创作者。如果案例的创作者是新人，则其积极性比较高，可以利用这种方式进行组织的了解，解决信息的不对等。所以，案例还原日常经营管理的过程，是十分必要的。

启发思考题是案例教学思路的载体，体现了作者在解构案例过程中对案例框架的把握和对案例价值的理解。通过合理设置和排列启发思考题，作者可将较为清晰的教学思路传达给学员，并引导学员有效开展案例准备和案例分析。在设置启发思考题的过程中，作者要注意问题的针对性和问题的逻辑关系，避免将问题提得过于宽泛或跳跃性过大。问题排列上应遵循由浅入深、层层推进的原则，配合案例“发散—收敛—演绎”的逻辑。在提问方式上可采用情景式设问或启发式提问。

结构化模板

不同业务类型的情景案例具有不同的结构化模板，如表 2-1 所示。

表 2-1 结构化模板示例

类 型	业务营销案例	业务操作典型案例	道德风险案例	监察部防控案例
结构化模板	题目 类型 案例背景 案例描述 营销成果 案例分析 启示与反思	提要 基本情况 案例分析 内控启示	内容摘要 基本情况 问责情况 案件暴露问题 教训和启示	案例简介 解释与评析 借鉴与启示

情景案例的价值

承载传承智慧

实践智慧的提炼

情景案例的价值之一在于对企业经营管理的实践智慧的提炼。情景案例是对于真实的经营管理工作的问题情景、决策情景、评价情景和法则情景的还原。实践智慧来源于特殊的背景，是人与情景互动的产物，这种智慧涉及方方面面的问题解决方法，如业务的、技能的、管理的等。情景案例全景式地再现了企业经营管理过程，是实践智慧的最佳呈现载体。

员工自驱力的培养方法

情景案例不同于工作总结，工作总结主要是对工作成果的梳理，情景案例则是对工作过程的回忆与反思，更重要的是，将过程写出来。情景案例的撰写过程是一个炼狱的过程，需要不断反思、总结。

自驱力，即自我驱动力，是每个人内在渴望成长的动力，这种力量来源于自我意识。自我意识的产生受特定事物的触动与影响。就工作而言，每个人的工作状态都不一样，工作动机也不一样。然而，无论何种动机，做好工作、得到认可都需要一定的自驱力。

那么，自驱力可以习得吗？其实人出生后就在不断学习，很多行为与思想都是通过后天习得的。那么，为什么说情景案例撰写习惯的养成可以培养员工的自驱力？

首先，从写作功能上来看，写作其实是一个自我梳理的过程。在写作中，我们需要进行构思、反思、梳理、整合。反思的是工作内容、工作方法，以及遇到的问题。写作时人的心灵状态是安静的、凝精聚神的。这个过程提供了自我认知的时间和空间。自驱力养成的第一点就是需要自省，写作营造了这样的氛围。

其次，从写作内容上来看，企业经营管理情景案例的写作不同于一般的写作，它是对企业日常经营管理工作的真实还原。因此每位员工都可以进行情景案例写作。同时，情景案例写作框架有着较为清晰的结构，通过写作员工可以对自己的工作有更清晰的认识，而且长期坚持这个写作习惯可以培养员工对工作的敬畏之心，在成就感与不足感中不断成长。

最后，从组织层面上来看，组织自上而下地要求员工进行写作，这种权威性会在一定程度上促使员工进行深度反思，使员工重视这项工作，这样对于长期坚持、写作耐力的培养起到了监督作用。

综合上述三个方面，员工可在情景案例写作中慢慢培养自驱力。

价值罗盘

员工不断地在实践总结中成长，同时组织可以对各种实践智慧加以整理和利用，形成企业的案例库，并将之打造为各类学习资源库，供全体员工进行学习。情景案例不失为一种有效的管理方法，案例工作化，工作案例化，用情景案例思维进行经营管理，既实现了组织智慧的二次利用，又得以实现智慧的再创造，可使组织的发展呈螺旋式上升趋势。此外，情景案例可用于企业内部案例教学培训活动，用案例引领战略方向，用案例示范管理方式，用案例复制借鉴推广价值点。

价值罗盘展示了企业情景案例工作的全景图（见图 2-1）。我们可从三个方面对其进行应用：一是发挥蓝图作用，在进行案例规划时参考；二是发挥评估作用，评价案例工作现状及成熟度；三是发挥动态管理作用，基于罗盘有选择地开展工作，明确未来 1~3 年内先做什么后做什么，构建高效有序的案例价值链。实践证明，情景案例工作可以广泛应用于多样化的业务场景，应用于不同条线的实际业务，应用于各层级员工。密连业务，凸显价值，综观企业范围内案例实践成果，从五个方面体现了案例应用价值，其中前四项是业务视角的价值，第五项是培训工作价值，如图 2-2 所示。

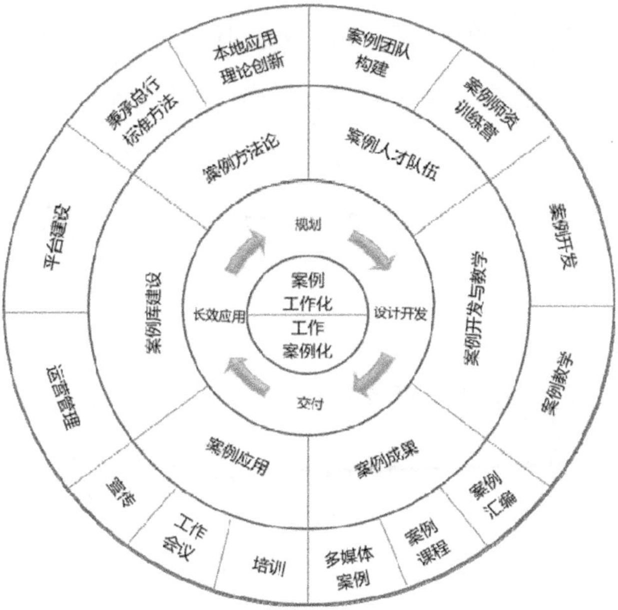

图 2-1 情景案例工作的全景图

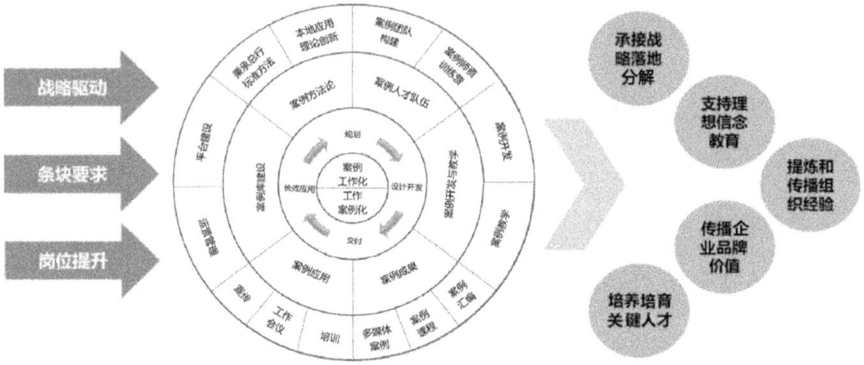

图 2-2　价值罗盘的应用

承接战略落地分解

将案例作为战略规划与落地的重要手段，选择具有代表性的案例，在工作会议或高层培训中应用，起到宣贯战略、传播经验、推动战略实现的作用。企业结合自身成功经验，从多个维度梳理总结，发布业务案例，立体化展示了开展业务的模式与方法。支撑战略的案例创作，需要做好多项前续工作：理解公司战略，做好战略在本业务单元的解码工作，选择代表性的业务事件，做好经验总结和做法提炼，站在公司领导层角度设计案例场景与架构。只有这样，才能赋予案例足够的战略属性，在业务中起到引领作用。在战略案例传播过程中，要确定主讲人员、使用对象，选择合适的培训班次或工作会议，为案例应用效果的最大化做好铺垫。

支持理想信念教育

企业的理想信念教育不能只停留在思想层面，而要体现在具体的业务实践中。以案例为载体，一方面体现党性修养要求，另一方面传递合规内控要求，将企业高度重视的工作凝聚在一起进行宣导。从党建、合规、法务、风险、内控等条块的具体实践中可以看到，案例在思想意识层面的教育宣导中具有接地气、代入感强、深入浅出等优势。做好理想信念教育工作，需要在案例创作和活动设计中遵循以下模式：在党建总体框架下，明确相关要求；在内控、风险、合规等业务框架下，明确红线底线要求，限定业务范围；摆事实，讲故事，增加感染力；总结提升，阐明教化意义。

提炼和传播组织经验

一方面是基于岗位要求的经验总结与固化，另一方面是基于重要项目的复盘与总结。前者的一般做法是：围绕中基层岗位的高频事件与场景，进行组织经验萃取，形成简单易传播的模型，在组织范围内传播。后者的一般做法是：选择企业层面具有标杆意义的重大项目，复现业务决策难点，刻画典型业务场景，挖掘其他单位的借鉴意义，在课堂教学或巡讲中应用。

传播企业品牌价值

目前以品牌传播为目的的案例还比较少，但随着案例数量的增加和传播渠道的拓展，越来越多的案例将扮演品牌传播的角色。一方面是面向大众的品牌传播，传递企业的价值观与精神风貌，精美展示企业风采；另一方面是面向重点客户的案例宣传，选择同类型客户或服务相关的案例，如与人民币业务相关的主题案例、与境内外联动相关的主题案例等，以文本或 PPT 形式在客户接洽和招投标环节中应用，可以增强说服力，增加客户信任，强化企业做行业内最好的品牌形象。品牌传播案例的应用在未来的商业活动可望得到更多应用。

培养培育关键人才

人才队伍建设是教育培训工作的重要内容，是企业人才战略的核心要求。在传统教育培训工作中加入案例元素，实现现有课程案例化，或者基于案例汇编开展案例教学活动，都是培训工作提升效能的重要手段。以案例为特色的教育培训工作，强化了企业各级人才的培养，实现了培训形式创新，引起了企业培训工作开展的普遍关注和积极借鉴。案例开发与教学师资训练营，作为案例工作者的孵化阵地，培育了一批熟悉业务、具备案例思维、推广上有方法有策略的案例人才，形成了分工明确、敢于担当的案例人才梯队，为未来案例工作持续广泛开展奠定了基础。

情景案例与商学院教学案例的认知

情景案例是结合企业自身行业特点和企业内部组织学习需要，开发设计出反映企业经营管理实践的案例。企业以培养员工经营者思维及意识为核心，促使员工亲身参与案例开发，通过案例体现管理的科学性与艺术性的统一，还原具有企业经营特点的、发生在每位员工身边的、具体的、落地的管理“情景”，而非其他组织发生的、抽象的、宽泛的管理“情景”。

情景案例不同于商学院教学案例，可从以下三个方面加以区分。

目的和目标不同

情景案例遵循从实践中来、到实践中去的马克思主义认识论，来源于最真实的企业经营管理实践，各级经营管理者能够自主运用案例研究工作方法，使用案例来指引自身的经营管理实践，用案例推动工作创造价值。而商学院教学案例服务于课程教学，帮助学员运用科学知识分析问题，拓展解决问题的思维方法。因此，标准化的教学案例通常情况下仅仅对管理事件进行完整和详尽的描述，对决策环境和情景进行铺垫，却不将事件的真实结果或最终决策告知学员。

通过情景案例的教与学，培训人员可以驱动学员自主开展案例分析，并通过团队作业、成果展示与讨论评价等环节，达到知识建构与思维训练目标的一种教学模式。这种模式坚持的是体验导向，即充分尊重学员的知识体验需求，注重认知过程的主体参与性、互动性，主张在愉悦的认知体验中获取知识和建构能力，强调知识体验与知识创造。这种方法强调自主学习、发现学习、创造性学习、竞争性学习，贯彻的是一种积极能动的学习思想。商学院教学案例通常配备内容全面的教学指导以供非案例作者的其他教学人员使用。

内容和形式不同

情景案例作为企业日常经营管理的成果，其内容必然以业务发展与风险管控为核心，以典型业务项目运营管理过程为主线，将企业经营管理内部控制的环境、制度、流程和人有机串联起来，突出“人”的主观能动性，要真实地反映出决策层、执行层和经办层到底是怎么决策的。因此，情景案例侧重于挖掘基于企业文化的经营管理行为，记录解决问题的真情实感。

商学院教学案例往往营造情景，描述管理者面对的环境和外部条件，甚至展现一些干扰因素，没有明确的行为结果指向。商学院教学案例更多的是一种企业管理实践的实录，通过将企业日常经营管理活动进行总结提炼，对企业的经营实践进行指导，从而提升组织绩效。简而言之，商学院教学案例就是对企业的实际活动及其背后的逻辑关系的描述、解释和探索，它更强调对案例进行一种全方位的、有条理的、逻辑严密的叙述，讲述企业运营中遇到的各种问题，企业的成败得失、经验教训和方法路径都可以通过这种故事的载体进行传授或教导。这类案例的开发者和使用者均为企业的工作人员。企业开发和使用商学院教学案例的目的在于总结经验教训并用以进行内部人员培训，有些企业也将自己编写的案例作为新业务拓展的说明资料。因此，这类案例中并没有蕴含比较多的管理理论，反而更加强调成功实践的示范性和失败案例的借鉴性。在对案例实践本身的描述和剖析过程中，比较注重业务的实际操作而忽略了为读者构建真实的决策情景。此外，虽然这类案例普遍配有若干思考题，但是并没有提供相应的分析解答思路。这就会为非作者本人或非案例亲历者的使用者在使用案例进行教学和培训时带来困难。

结构和功用不同

情景案例由主标题、副标题、内容摘要、关键词、正文和案例使用指导组成。而商学院教学案例通常会有附录和案例教学指导。

因此，情景案例就是以推动企业经营管理价值创造为目的，依托典型业务项目，展现决策层、执行层和经办层，遵循内部控制管理规范，采取经营管理行为的真实过程，挖掘出在组织中可复制、可借鉴、可推广的价值点，提升企业经营管理能力和价值创造能力。

获得商业价值是企业追求的目标，也是情景案例教学法的努力方向。企业应用情景案例教学法是将企业最具代表性的事件编织成案例，传播最佳经验或发挥警示作用。情景案例区别于传统课程对知识体系的罗列，成为业务活动的载体，将培训手段与业务紧密衔接起来。伴随情景案例教学法的普及，情景案例教育培训活动始终致力于服务业务，创造业务价值。通常以师资训练营为起点，以持续运营案例为闭环，情景案例价值创造的动因机制逐渐清晰起来（见图 2-3）：案例运营人员、案例讲师、案例开发人员，以提升案例教学水平和课程满意度为出发点，参加案例师资集训营，以案例教学和案例汇编等活动创造价值。提升个人能力、支持业务发展、促进知识沉淀与传播，这些效果又激发了案例学习与使用意愿，其中知识管理价值又与情景案例使用效果、情景案例思维共同激发运用情景案例的意愿，带动情景案例工作的开展。

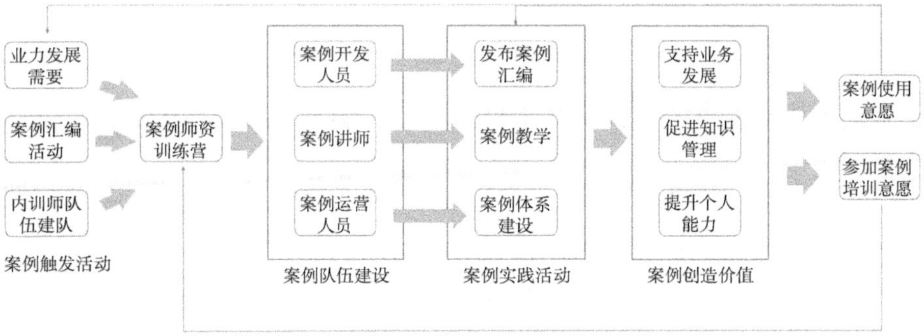

图 2-3　情景案例价值创造的动因机制

该动因机制的启示在于：自上而下地全面构建情景案例思维，获得各级干部和员工对案例工作的支持与信心；珍惜首批情景案例活动的机会，力求效果最大化，为后续持续开展案例工作创造条件；重视情景案例教学、巡讲等亮点活动，将情景案例开发的优秀成果尽快转化为情景案例用户可以感知到的活动；做好情景案例在组织知识管理工作中的应用，将情景案例的生产与发酵过程适配于知识的获取与共享过程。

智慧源泉

人的正确思想是从哪里来的?

毛泽东

人的正确思想是从哪里来的？是从天上掉下来的吗？不是。是自己头脑里固有的吗？不是。人的正确思想，只能从社会实践中来，只能从社会的生产斗争、阶级斗争和科学实验这三项实践中来。

人们的社会存在，决定人们的思想。而代表先进阶级的正确思想，一旦被群众掌握，就会变成改造社会、改造世界的物质力量。人们在社会实践中从事各项斗争，有了丰富的经验，有成功的，有失败的。无数客观外界的现象通过人的眼、耳、鼻、舌、身这五个官能反映到自己的头脑中来，开始是感性认识。

这种感性认识的材料积累多了，就会产生一个飞跃，变成了理性认识，这就是思想。这是一个认识过程。这是整个认识过程的第一个阶段，即由客观物质到主观精神的阶段，由存在到思想的阶段。这时候的精神、思想（包括理论、政策、计划、办法）是否正确地反映了客观外界的规律，还是没有证明的，还不能确定是否正确，然后又有认识过程的第二个阶段，即由精神到物质的阶段，由思想到存在的阶段，这就是把第一个阶段得到的认识放到社会实践中去，看这些理论、政策、计划、办法等等是否能得到预期的成功。

一般来说，成功了的就是正确的，失败了的就是错误的，特别是人类对自然界的斗争是如此。在社会斗争中，代表先进阶级的势力，有时候有些失败，并不是因为思想不正确，而是因为在斗争力量的对比上，先进势力这一方，暂时还不如反动势力那一方，所以暂时失败了，但是以后总有一天是要成功的。

人们的认识经过实践的考验，又会产生一个飞跃。这次飞跃，比起前一次飞跃，意义更加伟大。因为只有这一次飞跃，才能证明认识的第一次飞跃，即从客观外界的反映过程中得到的思想、理论、政策、计划、办法等，究竟是正确的还是错误的，此外，再无别的检验真理的办法。

而无产阶级认识世界的目的，只是为了改造世界，此外再无别的目的。一个正确的认识，往往需要经过由物质到精神，由精神到物质，即由实践到认识，由认识到实践这样多次的反复，才能够完成。这就是马克思主义的认识论，就是辩证唯物论的认识论。现在我们的同志中，有很多人还不懂得这个认识论的道理。问他的思想、意见、政策、方法、计划、结论、滔滔不绝的演说、大块的文章，是从哪里得来的，他觉得是个怪问题，回答不出来。对于物质可以变成精神、精神可以变成物质这样日常生活中常见的飞跃现象，也觉得不可理解。因此，对我们的同志，应当进行辩证唯物论的认识论的教育，以便端正思想，善于调查研究，总结经验，克服困难，少犯错误，做好工作，努力奋斗，建设一个社会主义的伟大强国，并且帮助世界被压迫被剥削的广大人民，完成我们应当担负的国际主义的伟大义务。

典范研究

情景案例在银行

神州远航学院培训应用实践与思考

神州银行开展案例研究工作由来已久。2005 年，按照党和国家的部署，神州银行引入战略投资者开启公司治理新变革。神州远航学院开始关注案例教学法在中高层管理人员培训课程中的使用，至今已经探索了 12 年，走过了照搬商学院教学案例研究模式，引进外部咨询机构合作开展案例研究模式，再到自主开展案例研究模式，慢慢形成了商业银行案例开发、案例教学、案例库建设、师资队伍建设以及案例管理的基本模式。特别是在 2013 年董事长率先垂范，采用点名批示组织案例开发、工作会议案例展示示范、引领推动下，在神州银行形成了自上而下“说情景案例、写情景案例、讲情景案例”的案例文化氛围。“情景案例工作化、工作情景案例化”成为各级企业经营管理者必备的基本技能。

基础信息

情景案例研究中心

2014 年 5 月，神州远航学院设立案例研究中心，并跨处室组成 13 人案例研究人员队伍，建立柔性协作机制，有序开展案例开发和案例教学工作。每年举办两期典型业务项目案例开发研修班和两期案例教学师资培训班，搭建标杆案例库和案例研究人才库。

与银行党委组织部（人力资源部）、神州银行金融研究所及公司金融部等业务部门建立产学研协同机制。发挥党委的组织领导、人力资源的资源配置和主要业务部门的业务项目典型判定的禀赋作用。

引领推动全行案例研究工作。各级省分行人力资源部都明确了案例工作负责人，培训中心都开展了案例研究工作。

案例库

“三层七大类”案例库初具规模，如总部学院情景案例库、37 家省分行培训中心情景案例库和二级分行情景案例库。

总部学院案例库入库案例 486 篇，出版《远见与胆识——神州银行经营管理案例精选》三册，精选情景案例 123 篇。

省分行及附属公司案例库，据不完全统计，入库案例上万篇。涌现了一批案例工作示范单位，出版了一批案例汇编等。

案例研究队伍

从过往案例开发和案例教学培训班学员中，筛选出 110 人组成案例研究“百人团”，其中，案例编写人员 30 人、案例教学 50 人、案例管理 30 人。

据不完全统计，全员参与案例工作的人数有 10 余万，各级机构一把手亲自推动，形成案例研究热潮。

工作实绩

特色情景案例课程

每年举办两期典型业务项目案例专题开发班，已经举办 8 期，每期产出40~50篇案例，形成了典型业务项目情景案例库，培养了600余名情景案例写手。

形成了“情景案例工作坊”批量化生产案例的流水线模式，将其萃取出“神州银行情景案例开发指引”，用标准控制情景案例质量，保持情景案例鲜活性、可复制性和可推广性。

已经举办两期情景案例教学师资培训班，每期60人，产生了一批情景案例教学种子选手。

定制化地开发出引导技术应用到情景案例教学的课程，可以增强情景案例教学的能力提升；同时，将“神州银行情景案例教学指引”与“远见与胆识”汇编经典案例对接，示范如何将一篇情景案例转化为教学案例，并按照指引规范开展情景案例教学活动。

给全体学员演练的机会，人人都带自己的情景案例进行案例教学设计，并登台演练。

将小组代表的全程录像，制作出16个学员情景案例教学展示的30分钟的案例教学示范课程，鼓励大家实践。

独特情景案例方法论

- 情景案例研究方法。“神州银行情景案例工作法”刚刚上线就有数百人点击学习评价。
- 情景案例开发方法。“情景案例编写——如何将典型业务报告、业务工作总结转化为情景案例？”，2015年培训在线上线有766人给予了课程评价。
- 情景案例教学方法。“情景案例教学——三部曲：读懂案例、吃透案例、做实案例”，2015年上线以来有2 276人给予了课程评价。

注重时效案例推广

- 将情景案例植入学院党校课程。
- 直接设计课程，精选情景案例，精选师资，采取业务专家情景案例授课、情景案例教学专家授课、情景案例教学专家与业务专家共同授课等方式，为 32 期党校课程提供情景案例教学服务，得到 1 800 余名党校学员的好评。
- 应邀到分行面授独特情景案例编写和情景案例教学方法，提供咨询辅导等。
- 先后为 27 家省分行各类培训班授课，面授学员 4 580 余人。
- 为多家省市分行开展的预授信创新、开门红工作、联席会议制度等提供情景案例工作辅导和指导，让情景案例与具体业务工作有机融合，促进情景案例融入业务、融入流程、融入人心。
- 与总部条线管理部门合作，精准辅导创建条线情景案例模式。
- 与风险授信部合作，为 6 期情景案例专题研讨班提供情景案例开发辅导，形成一批典型不良贷款项目情景案例。
- 与公司金融业务部门合作，定制化辅导 21 篇潜在不良情景案例开发，出版一部潜在不良化解典范情景案例精选汇编。

打造一批精品案例课程

- 示范课程，如“情景案例教学——华汇案例董事长决策线版”“情景案例中的胜任力——神峡全通授信风险案例”等。
- “经典情景案例研读”系列课程，植入一把手培训班，如华汇情景案例、神侠情景案例等 10 余篇情景案例。

- “鲜活情景案例研读”情景案例群示范课程，开发出“如何围绕重点工作选择适合情景案例进行情景案例教学推动工作”，选取5个典型情景案例，组成情景案例群，示范情景案例教学设计和情景案例教学实施。

情景案例课题研究成果

- 2015 年，合作研究萃取出“神州银行经营管理情景案例开发指引”。
- 2016 年，合作研究萃取出“神州银行情景案例教学指引”（包括内部师资情景案例教学指引、业务专家情景案例教学指引、内部师资与业务专家合作情景案例教学指引）。
- 2017 年，合作研究萃取出“远见与胆识——神州银行经营管理经典情景案例教学项目：神州银行竞标美元现金池项目案例教学”。

迎接挑战

- 情景案例工作体系间平衡性挑战。情景案例开发、情景案例教学、情景案例推广、情景案例研究上用力不均，需要长远规划管理。
- 情景案例工作规律的普适性挑战。神州银行情景案例工作法的普遍适用性仍需要更广泛的企业实践来检验和验证。

第 3 章

情景案例批量开发

情景复盘

华恕集团有限公司董事长卓忠芳正在字斟句酌地审阅“华恕集团情景案例库建设总体方案”，字里行间呈现出脑海中早就勾画好了的新时代华恕集团经营管理情景案例库宏伟蓝图。

谨言慎行的监事长薛贞伦参透了卓忠芳董事长三次发声的深意，持续关注和推动着这项集团工作方式的变革行动。他了解董事长的工作习惯，卓忠芳此前就任神州银行董事长、行长十年间，一直使用用案例推动经营管理工作的方式，还逐步建成了覆盖神州银行总行、省行和二级行纵向穿透三层级的“神州银行情景案例库”智慧运营体系，全行上下以典型业务项目为牵引的情景案例批量化生产模式成为核心推动力。

监事长薛贞伦以校长身份指示华恕集团党校：快速复制神州银行情景案例库建设模式，发起设立华恕集团经营管理情景案例研究中心并亲任主任，函请神州远航学院案例研究中心主任权赋同志出任高级工作顾问，指导做好全面启动复制神州银行情景案例批量化生产的各项准备工作。

第 2 章我们对情景案例进行了全方位的解释，同时对情景案例的价值进行了多维度阐述。那么，合乎企业组织与人才发展需求的情景案例如何开发呢？在实践中进行情景案例开发项目从开始到运行如何操作呢？这两个问题涉及情景案例开发的微观操作环节，也是本书理论结合实践的关键篇章。我们将对情景案例开发流程设计思路进行宏观上阐述，从人、物、时间、事件等要素进行分析。

批量开发培训流程

从宏观层面看，情景案例批量开发培训流程可以分为两个阶段：培训前和培训中。培训流程的参与方包括组织方、专家团队、研究助理和学员。整个流程周期长度视具体情况而定，各个企业可根据自身情景案例开发需求情况进行确定，一般为一个月左右。

培训前流程

培训前流程的关键事项包括以下几点。

1. 组织方

在培训前，组织方需要明确培训需求，形成并确认培训项目方案，同时需要组织、讨论并设计课程时间表和收集材料的规范与学员遴选的标准。由情景案例开发项目主管单位向参与培训的单位发放通知，通知中需要明确培训的重要性并告知各单位学员相关准备事项。培训前 1 周左右，需要收集专家团队的授课素材，着手制作教师手册、学员手册等培训资料。培训前 3~5 天，汇总情景案例初稿进行编号，确认学员名单，印制教师手册、学员手册等培训资料。制作“工作汇总进度表”，将学员、研究助理进行分组并与专家团队的老师进行配对。在这个阶段中，组织方需要明确重点情景案例，分析情景案例初稿概况，形成初步辅导策略。培训前 1 天，组织项目沟通协调会。沟通协调会的要点是明确各方职责、培训目标与需求，确定培训流程和预案等细节问题，形成会议纪要。

2. 专家团队

在培训前一个月左右，专家团队应根据培训目标和要求开始准备课程方案。培训前 10~15 天，专家团队需要对各单位报送的情景案例选题按照一定标准进行筛选。培训前 5 天，提交授课用课程素材（PPT 等）。培训前 3 天，专家团队熟悉情景案例初稿，并与研究助理沟通修改方案。培训前 1 天，参与项目沟通协调会，明确细节问题和注意事项。

3. 研究助理

培训前 3 天，研究助理需熟悉情景案例初稿，并与专家团队的老师沟通修改方案；培训前 1 天，参与项目沟通协调会明确职责。

4. 学员

学员在培训前的主要任务是按照通知的要求准备选题、素材并撰写情景案例初稿。培训前 15 天，学员接到通知开始着手按照所在企业主管单位的要求或者根据自身的意愿选择典型事件作为情景案例开发的主题，填写情景案例选题表并收集相关资料。培训前 3 天，学员应按时提交情景案例初稿和所有相关材料。

培训中流程

整个培训过程可将周期时长控制在 4~5 天。此期间的主要任务是专家团体授课、辅导以及学员自主情景案例开发。其中要留出半天的时间进行每个小组的代表性情景案例展示和开发经验分享。培训中流程的关键事项包括以下几点。

1. 组织方

每天在固定时间段组织项目沟通协调会，参与人包括组织方、专家团队和研究助理。沟通协调会的组织形式是先由研究助理分别就每个小组的情景案例开发情况进行简要汇报并提出一些共性问题，再由内外部专家对其负责小组的情景案例进行重点点评，大致分出 1/3 预期能够产出符合要求的情景案例，1/3 处于中间程度经过努力可以进行显著提升的情景案例，以及 1/3 由于种种原因面临较大困难的情景案例。每天的项目沟通协调会须形成会议纪要并发放到每位参会者手中。

组织方须派至少两人按时参加每天的项目沟通协调会，根据项目进行中出现的问题同参会者进行沟通，及时化解问题，严格学员的考勤管理，确保整个项目的全流程监控。组织方须按照项目的需要每天提供必要的人力和物质资源的支持和服务，如电源、各种手册、教室、投影仪、饮用水等。

2. 专家团队

专家团队的任务是按时到达培训场地进行授课，并入组进行全程辅导和答疑。专家在固定时间段（一般可选择下午 2:30—4:30）对个人所负责的小组学员进行集中答疑，对学员在情景案例开发过程中遇到的问题进行集中解答。答疑的要点是引导学员开始具备情景案例思维，尝试进行工作报告向情景案例的转化。针对正文初稿成型、价值点提炼不到位的情景案例，专家团队需要进行重点辅导和拔高。此外，专家还要负责对学员情景案例的标题、内容摘要、关键词、正文等的修改和润色进行把关和提升。最后，在进行小组情景案例展示和情景案例开发经验分享时专家团队需对展示的情景案例进行点评并提出共性问题进行集中分析和解惑。专家团队须参加每天的项目沟通协调会，对个人负责小组的情景案例进行点评和分类。

3. 研究助理

对学员开发情景案例进行全流程的辅导并记录个人所负责小组中学员遇到的问题，按时参加项目沟通协调会汇报情景案例开发情况并协助组长进行学员管理。第一个辅导的要点是帮助学员从工作报告或项目总结中梳理出时间线、情景线和决策线，初步凝练价值点。第二个辅导的要点是帮助学员梳理出大纲，掌握情景案例正文的规范和叙事手法。第三个辅导的要点是帮助学员精细化摘要规范，巩固情景案例叙事规范，进一步凝练价值点。最后需要辅导还没有凝练出价值点的学员进行价值点凝练，进行最终的细化和润色。

4. 学员

学员的主要任务是开发出一篇合格的情景案例。首先，学员需要在研究助理和专家团队的培训辅导下能够梳理出时间线、情景线和决策线。其次，学员需要就情景案例主题形成情景案例大纲和草稿并思考价值点。最后，学员应该对情景案例进行思考并着手写作，形成终稿，精细化标题、内容摘要、关键词等，并撰写案例使用指导。被选拔出来的学员需要准备项目最后一天的情景案例分享（PPT）。情景案例展示的总时长不得超过 15 分钟。

角色责任说明

1. 组织方

角色定位

企业情景案例专题研讨班的组织方可以是企业的总部或分（子）公司，也可以由企业与外部培训公司共同担任。组织方承担情景案例专题研讨班全流程运营以及目标制定、学员组织、成果监督和后勤保障的角色。组织方负责选择专家团队、研究助理，安排课程，准备与发放资料，组织每日沟通协调会和收集最终情景案例成果。

具体职能

- 开班前 30[①]天，明确培训需求，设计情景案例专题研讨班方案并确认，开始进行举办研讨班的内部申请；组织内外部专家与研究助理团队。
- 开班前 15 天，确认课程时间表以及情景案例初稿规范和学员筛选标准；按时下发“情景案例专题研讨班情景案例选题征集通

---

① 时间长短由各个企业视具体情况而定，此章中涉及的具体时间皆为编者根据实践经验的举例。

知”；组织专家团队对企业各单位报送的情景案例选题按照一定标准进行筛选。

- 开班前 10 天，下发“情景案例专题研讨班入选情景案例通知”，组织学员撰写初稿。
- 开班前 5 天，收集专家团队的授课资料。
- 开班前 3 天，制作学员手册并将收集上来的学员初稿以邮件形式反馈给相应的辅导老师和研究助理。
- 开班前 1 天，进行学员手册的发放；召开项目沟通协调会，参会者包括内外部专家和研究助理，明确各角色岗位职责及相应的工作要求。
- 准备在开班式和结业式中的领导讲话。
- 保证情景案例专题研讨班四天半的正常运转，保证各角色到位，每天 11 点召开项目沟通协调会，每天 14—15 点进行情景案例分享，每晚汇总分享资料和学员稿件，集齐工作汇总进度表，向研究助理传达每日的工作重点，对整个研讨班进程进行监督。
- 参与最后一天的情景案例论坛，倾听分享情景案例和学员的心路历程，进行情景案例的验收。
- 负责情景案例后续的修编工作并结集成册。
- 组织外部专家和研究助理在保密协议上签字。
- 提供后勤保障，包括学员签到、课程教室、音响设备、板书器材、学员名牌、组内集中写作辅导的研讨室、住宿场所、餐厅等。

准备文件

- 培训方案。

- 举办研讨班的内部申请资料。
- “情景案例专题研讨班情景案例选题征集通知”。
- “情景案例专题研讨班入选情景案例通知”。
- 学员情景案例初稿。
- 学员名单。
- 开班式和结业式中的领导讲话。
- 课程时间表。
- 学员手册。
- 教师手册。
- 情景案例开发指引。
- 工作汇总进度表。
- 保密协议。

2. 专家团队

角色定位

企业情景案例专题研讨班的专家团队可以由来自企业具体业务实践中的有标杆情景案例写作经验，并对情景案例写作与开发有兴趣和见解、具备培训能力的企业系统内部员工担任。内部专家根据来源的不同，分为总部专家和业务条线专家。总部专家在企业情景案例专题研讨班中承担情景案例编写技巧与方法的讲解和与其他业务条线专家及外部专家进行沟通协调的任务。业务条线专家在研讨班中承担分享自己所开发的标杆情景案例以及方法的讲解和作为辅导老师入组进行具体情景案例指导的任务。与此同时，专家团队也可以引入外部情景案例培训专家提升培训效果，具体可视情况决定。通常情况下，外部专家由企业认可的从事商学院情景案例教学研究的高校教授担任，在培训中承担情景案例写作与开发方法讲解和作为辅导老师入组进行具体情景案例指导的任务。

具体职能

- 开班前 15 天到前 10 天，专家对企业各单位部门报送的情景案例选题按照一定标准进行筛选。
- 开班前 5 天，专家需及时将课程资料反馈给组织方。
- 开班前 3 天，专家熟悉学员的情景案例初稿，并与研究助理沟通修改方案。
- 开班期间，专家需遵守企业情景案例专题研讨班的纪律，积极配合组织方的安排，按时进行授课、入组辅导、开会及其他。
- 开班期间，专家作为辅导老师入组对学员进行情景案例辅导，解答学员在情景案例写作与开发中的疑惑。
- 开班期间，专家要清晰本组情景案例写作进度及分级，可以采用 1/3 的方式，即：大致区分前 1/3——情景案例的价值点较到位、内容丰富，较少修改可以进入情景案例库的文章；中 1/3——情景案例的价值点隐含在文中、内容有待完善，可以经过培训班的训练认真修改后进入情景案例库的文章；后 1/3——情景案例的价值点较小且不好把握、内容单薄，培训修改后也很难达到进入情景案例库的要求。根据以上区分更有效率地安排精力——给予前 1/3 较为关注；中 1/3 重点关注，争取在培训班结束时中 1/3 可以达到入库的标准；后 1/3 关注，帮助其有所提升和进步，但是否入库依照具体情况决定。

- 开班期间，专家需随时与本组学员进行互动交流，关注本组学员的情景案例进展及前、中、后的变动情况，在参加每天 11:00—12:00 的项目沟通协调会中进行汇报，并探讨共有问题，分析解决方法。
- 推选本组优秀学员代表分享他的情景案例，以及情景案例写作与开发的心路历程。
- 在情景案例专题研讨班第 5 天的情景案例论坛中，专家对本组情景案例进行点评。
- 情景案例专题研讨班结束后，专家根据要求对情景案例进行修编。
- 专家需要对组织方的所有情景案例及资料保密。

准备文件

授课课程资料。

3．研究助理

角色定位

企业情景案例专题研讨班的研究助理由企业内部拥有情景案例写作修改经验、对情景案例写作与开发有兴趣和见解的员工担任，或者由企业认可的拥有情景案例写作经验和经历的高校硕博士研究生担任。在企业情景案例专题研讨班中，研究助理承担入组指导具体情景案例写作和收集汇总情景案例稿件的任务。

具体职能

- 开班前 3 天，研究助理需熟悉学员的情景案例初稿，并与专家沟通修改方案。

- 开班期间，研究助理需遵守企业情景案例专题研讨班的纪律，积极配合组织方的安排，按时入组辅导、开会及其他。
- 开班期间，研究助理需入组进行具体情景案例指导，在能力范围内直接予以解答，能力范围外的问题记录下来，将问题反馈给辅导老师。
- 开班期间，研究助理要清晰本组情景案例写作进度及分级，可以采用 1/3 的方式，即：大致区分前 1/3——情景案例的价值点较到位、内容丰富，较少修改可以进入情景案例库的文章；中 1/3——情景案例的价值点隐含在文中、内容有待完善，可以经过培训班的训练认真修改后进入情景案例库的文章；后 1/3——情景案例的价值点较小且不好把握、内容单薄，培训修改后也很难达到进入情景案例库的要求。根据以上区分更有效率地安排精力——给予前 1/3 较为关注；中 1/3 重点关注，争取在培训班结束时中 1/3 可以达到入库的标准；后 1/3 关注，帮助其有所提升和进步，但是否入库依照具体情况决定。
- 开班期间，研究助理需随时与本组学员进行互动交流，关注本组学员的情景案例进展及前、中、后的变动情况，在参加每天 11:00—12:00 的项目协调沟通协调会中进行汇报，并探讨共有问题。
- 研究助理协助专家推选本组学员代表分享他的情景案例，以及情景案例写作与开发的心路历程。
- 开班期间，每晚 20:30 研究助理收齐本组当天的情景案例文章。

其中，第一天还需要上交情景案例架构梳理与设计表，之后组织进行半小时的情景案例进展小组会，填好工作汇总进度表并通过邮件发送给组织方。

- 情景案例专题研讨班结束前，研究助理收集学员代表的情景案例分享资料。
- 研究助理需要对组织方的所有情景案例及资料保密。

准备文件

- 情景案例架构梳理与设计表。
- 工作汇总进度表。
- 项目沟通协调会的会议纪要。

4. 学员

角色定位

企业情景案例专题研讨班的学员是由符合企业通知要求的、各分支行推荐的、对情景案例写作与开发有兴趣和经验的、亲历或熟知所写情景案例的企业内部培训的员工，是企业情景案例专题研讨班的主体成员，通过课程学习，接受辅导老师、研究助理的辅导，最终完成符合要求的企业经营管理情景案例和情景案例教学指导的写作任务。根据学员具体角色的不同，分为组长、分享学员和普通学员。组长在普通学员的基础上，还需要配合辅导老师和研究助理做好组内成员的组织管理，分享学员是由辅导老师、研究助理和组长推举的学员，愿意与大家分享自己的情景案例和写作方法的学员。

具体职能

- 接到组织方的入选情景案例通知后，学员需按照通知要求认真准备情景案例初稿。
- 开班前 3 天，学员需把情景案例初稿反馈给组织方。
- 开班前 1 天，学员需携带笔记本电脑、U 盘等必要的硬件设备和工作总结、业务报告、相关的会议记录、新闻报道、情景案例对象的相关素材、相关的高层讲话、数据、访谈文件等具体文件按时报到并领取学员手册。
- 开班期间，学员需遵守组织方纪律，认真进行课程学习。
- 开班期间，学员按照每天写作进度要求，进行情景案例写作。
- 开班期间，学员需积极主动与辅导老师和研究助理互动，解决在情景案例写作中的问题和遇到的困难。
- 配合研究助理，每天 20:30 学员需按时上交情景案例稿件。其中，第一天还需要上交情景案例架构梳理与设计表，在之后半小时的情景案例进展小组会上积极分享自己的情景案例进展情况、写作心得以及现存的困难。
- 开班期间，学员需进行情景案例的加工、润色；在情景案例专题研讨班结束时，完成终稿和情景案例教学指导。
- 担任组长的学员需要组织本组学员参与课程学习、情景案例写作及其他、与辅导老师和研究助理商讨，推选分享情景案例。
- 被推选出来的学员代表需要根据自己的情景案例内容及情景案例开发的方法及心路历程准备分享资料并上交给本组研究助理。

准备文件或物品

- 接到组织方的情景案例入选通知后，学员需按照通知要求认真准备情景案例初稿。
- 携带硬件设备：笔记本电脑、U 盘等。
- 携带文件资料：工作总结、业务报告、相关的会议记录、新闻报道、情景案例对象的相关素材、相关的高层讲话、数据、访谈文件等。

以上是整个情景案例开发培训流程的介绍，为了便于直观理解，我们根据内容，对整个情景案例开发流程进行了表格化处理（见表 3-1），以供情景案例开发工作者参考借鉴。

表 3-1　培训工作任务表

日期	时间	内容	工作任务					关键任务	关键产出及标准	可能失效点	防范措施
			专家团队	学员	组长	组织方	研究助理				
开班前30天						明确培训需求，设计情景案例专题研讨班方案并确认，开始进行举办研讨班的内部申请；组织内外部专家与研究助理团队		需求沟通，实施团队组建	培训方案：需求明确、方案可行	需求变更或不明确	形成双向需求确认机制；与培训方最高项目决策人确认项目需求
开班前15天			专家对企业各单位报送的情景案例选题按照一定标准进行筛选			确认课程时间表以及情景案例初稿规范和学员筛选标准；按时下发“情景案例专题研讨班情景案例选题征集通知”；组织专家团队对企业各单位报送的情景案例选题按照一定标准进行筛选		培训通知下达	情景案例专题研讨班情景案例选题征集通知		

续表

日期	时间	内容	工作任务					关键任务	关键产出及标准	可能失效点	防范措施
			专家团队	学员	组长	组织方	研究助理				
开班前10天						下发“情景案例专题研讨班入选情景案例通知”，组织学员撰写初稿		入选通知下发	情景案例专题研讨班入选情景案例通知	学员不明确培训意义，没做好相关准备	明确学员需携带笔记本电脑、U盘等必要的硬件设备和工作总结、业务报告、相关的会议记录、新闻报道、情景案例对象的相关素材、相关的高层讲话、数据、访谈文件等具体文件参加培训

续表

日期	时间	内容	工作任务					关键任务	关键产出及标准	可能失效点	防范措施
			专家团队	学员	组长	组织方	研究助理				
开班前5天			专家需及时将课程资料反馈给组织方			收集专家团队的授课资料		授课资料确认			
开班前3天				学员需把情景案例初稿反馈给组织方		制作学员手册并将收集上来的学员初稿以邮件形式反馈给相应的辅导老师和研究助理	研究助理需熟悉学员的情景案例初稿，并与专家沟通修改方案	收集初稿	故事完整，申报表格完整		

续表

日期	时间	内容	工作任务					关键任务	关键产出及标准	可能失效点	防范措施
			专家团队	学员	组长	组织方	研究助理				
开班前1天	19:30—20:00	内部专家、研究助理会议，沟通安排五天内的教学事宜以及关键点	参加项目沟通协调会	学员需携带笔记本电脑、U盘等必要的硬件设备和工作总结、业务报告、相关的会议记录、新闻报道、情		组织专家和研究助理会议，明确细节	通过参加项目沟通协调会，明确培训期间的日程和任务	各方明确本次培训的组织方预期及整体分工	研究助理收到工作任务进度表模板		

续表

日期	时间	内容	工作任务					关键任务	关键产出及标准	可能失效点	防范措施
			专家团队	学员	组长	组织方	研究助理				
开班前1天	19:30—20:00			景案例对象的相关素材、相关的高层讲话、数据、访谈文件等具体文件按时报到并领取学员手册							

续表

日期	时间	内容	工作任务					关键任务	关键产出及标准	可能失效点	防范措施
			专家团队	学员	组长	组织方	研究助理				
第一天	8:40—9:00	开班式				组织开班式，领导致开班辞	提前进场准备			设备故障	关键设备提前调试并准备好导师PPT
	9:00—10:30	企业典型业务项目情景案例开发若干思考	外部顾问专家传授情景案例写作原则	学习情景案例写作原则		组织并保障课程顺畅开展	学习情景案例开发的思想和方法	使学员初步了解企业经营管理情景案例写作的意义、概念、原则、思路、标杆	讲师的知识传递。标准：讲述逻辑清晰、总结到位，结合标杆情景案例及企业经营情景，使写作理论方法与实际情景案例相结合		
	10:40—12:00	企业经营管理情景案例编写技巧与方法	企业内部专家课程讲授	学习企业情景案例写作概念、方法、原则、规范							

续表

日期	时间	内容	工作任务					关键任务	关键产出及标准	可能失效点	防范措施
			专家团队	学员	组长	组织方	研究助理				
第一天	13:30—14:00	情景案例专家团队沟通协调会	提示指导重点			组织项目沟通协调会	明确工作要点，记录会议纪要	明确当天各方工作任务			
	14:00—16:00	情景案例写作与开发六步法	课程讲授	学习情景案例写作方法		组织并保障课程的顺畅开展	理解讲师传授的情景案例开发思想、方法、原则，做好导学答疑准备	使学员了解情景案例写作的规范、要素、实操方法	具体的情景案例实操方法。 标准：结合实例，清晰地呈现出如何有效地通过决策线、情景线、时间线梳理，将工作报告转化成企业经营管理的情景案例		

续表

日期	时间	内容	工作任务					关键任务	关键产出及标准	可能失效点	防范措施
			专家团队	学员	组长	组织方	研究助理				
第一天	16:10—17:30	情景案例开发研讨交流，分组设计编写情景案例开发大纲，完成“情景案例架构梳理与设计表”	指导并对情景案例开发计划表提出建议	情景案例撰写与修改	小组“暖身”组织学员自我及情景案例介绍，组织管理小组写作流程	组织学员分组，提供各小组情景案例撰写场地	明确自身职责，协助组长进行写作“暖身”，了解本组情景案例概况	学员能够梳理出情景案例的决策线、情景线、时间线，初步凝练价值点	完成“情景案例架构梳理与设计表”。 标准：“三线”清晰，主题初步聚焦，初步形成“背景、行为、启示”三句话摘要	可能失效点：辅导老师、研究助理可能陷入更多组织管理工作	首先要明确组长的组织管理职能，和辅导老师与研究助理的技术支持职能
	19:00—20:30	“写情景案例”：进行情景案例撰写	指导情景案例开发				指导学员写作，全程答疑				

续表

日期	时间	内容	工作任务					关键任务	关键产出及标准	可能失效点	防范措施
			专家团队	学员	组长	组织方	研究助理				
第一天	20:30—21:00	汇总本组情景案例情况，收集当天情景案例文章	指导情景案例开发	组内学员交流当日写作心得及遇到的问题	组织组内学员交流		汇总本组情景案例情况，收集文章及存在问题		学员产出：“情景案例架构梳理与设计表”与初稿。 研究助理产出：当日的“工作汇总进度表”。 每日工作汇总表标准：能够通过汇总表呈现出当前学员情景案例的写作进度及分级比例，有初步前 1/3、后 1/3 情景案例判断		

续表

日期	时间	内容	工作任务					关键任务	关键产出及标准	可能失效点	防范措施
			专家团队	学员	组长	组织方	研究助理				
第二天	8:40—11:00	情景案例开发个性化指导			组织管理小组写作流程		指导学员写作，全程答疑	形成正文大纲，使学员具备情景案例的架构设计能力，找到将现有工作报告转化成情景案例的路径		学员可能仍陷在原有思路中，不主动与研究助理沟通，不知道如何转换，不知道什么是大纲	研究助理要强调学员认真研读标杆情景案例，并可提供具备清晰的“困境—方案备选—问题解决—再起波澜”逻辑的正面情景案例和负面情景案例各一篇；同时强调目录一级标题

续表

日期	时间	内容	工作任务					关键任务	关键产出及标准	可能失效点	防范措施
			专家团队	学员	组长	组织方	研究助理				
第二天	8:40—11:00										为正文大纲。研究助理从上午10:00以后开始对每名学员跟进指导，对典型情景案例可以帮其形成大纲，帮助全组学员了解要点方法
	11:00—12:00	情景案例专家团队沟通协调会议	点评各组情景案例进度，提示指导			组织项目沟通协调会	介绍本组情况，明确下一步工作，	助理要清晰地汇总出本组出现的问题点，初步			

续表

日期	时间	内容	工作任务					关键任务	关键产出及标准	可能失效点	防范措施
			专家团队	学员	组长	组织方	研究助理				
第二天	11:00—12:00		重点，分析解决问题办法				记录会议纪要	区分出本组情景案例的三个梯队			
	14:00—16:00	典型业务情景案例示范	分享标杆情景案例创作经验					通过企业内部条线管理专家分享写作经验，破解学员写作困惑		学员可能会忽视此环节的重要性；会出现写作困惑、畏难情绪	研究助理要强调通过企业情景案例专家的亲身写作感受传递更能有效地针对性地解决目前的困惑，让学员了解到自己的困惑别人也曾经有

续表

日期	时间	内容	工作任务					关键任务	关键产出及标准	可能失效点	防范措施
			专家团队	学员	组长	组织方	研究助理				
第二天	16:00—17:30	个性化指导：情景案例修改关键点	框架和价值点的指导	情景案例撰写与修改	组织写作		辅助老师的指导工作	17:30之前要使本组情景案例具备正文大纲	形成正文的大纲，初步明确写作主题价值点	学员缺乏主动沟通，方向走偏	研究助理配合辅导老师，跟进每位学员撰写的大纲，务必在初始阶段使学员的写作方向不走偏
	19:00—20:30	“写情景案例”：进行情景案例修改	框架和价值点的指导								

续表

日期	时间	内容	工作任务					关键任务	关键产出及标准	可能失效点	防范措施
			专家团队	学员	组长	组织方	研究助理				
第二天	20:30—21:00	汇总本组情景案例情况，收集当天情景案例文章		组内学员交流当日写作心得及遇到的问题	组织组内学员交流		汇总本组情景案例情况，收集文章及存在问题		学员产出：形成草稿。 标准：大纲形成，正文主体内容完成。 研究助理产出：更新“工作汇总进度表”。 标准：问题归纳准确、明确出下一天重点帮扶的情景案例		
第三天	8:40—11:00	情景案例开发个性化指导	推选下午展示学员		组织管理小组写作流程		辅助老师的指导工作，帮助推选下午展示学员	通过对三句话摘要的进一步精细化梳理，提炼价值点，把控学员写作的正确方向			

续表

日期	时间	内容	工作任务					关键任务	关键产出及标准	可能失效点	防范措施
			专家团队	学员	组长	组织方	研究助理				
第三天	11:00—12:00	情景案例专家团队沟通协调会	点评各组情景案例进度，提示指导重点，分析解决问题办法	由两组选代表进行情景案例分享		组织项目沟通协调会	介绍本组情况，明确下一步工作，记录会议纪要	各组问题汇商，明确出“中 1/3”部分重点帮扶的情景案例			
	14:00—15:00	典型业务情景案例示范	点评分享情景案例					筛选出内容较充实，但价值点待凝练的情景案例作为呈现，集中讲评			

续表

日期	时间	内容	工作任务					关键任务	关键产出及标准	可能失效点	防范措施
			专家团队	学员	组长	组织方	研究助理				
第三天	15:00—17:30	个性化指导：情景案例修改关键点	摘要、关键字等的指导修改	情景案例撰写与修改	组织管理小组写作流程		指导学员写作，全程答疑	再次明确学员写作方向的正确性，协助学员用情景案例语言充实情景案例	清晰明确的内容摘要和关键词。 标准：符合情景案例指引中描述的摘要三句话写作规范，关键词合规	情景案例语言的转化	强化让学员学习标杆情景案例的描述方式。 重点把控各段衔接句，通过问句引导、情景代入等写作技巧传授，使情景案例具备情景案例味道，初步具有生动性、鲜活性
	19:00—20:30	“写情景案例”：进行情景案例修改	摘要、关键字等的指导修改						学员产出：情景案例初稿。 标准：正文完成，摘要合规，价值挖掘到位。 研究助理产出：更新“工作汇总进度表”。 标准：同上		

续表

日期	时间	内容	工作任务					关键任务	关键产出及标准	可能失效点	防范措施
			专家团队	学员	组长	组织方	研究助理				
第三天	20:30—21:00	汇总本组情景案例情况，收集当天情景案例文章		组内学员交流当日写作心得及遇到的问题	组织组内学员交流		汇总本组情景案例情况，收集文章及存在问题				
第四天	8:40—11:00	情景案例开发个性化指导	推选下午展示学员		组织写作		辅助老师的指导工作，帮助推选下午展示学员	情景案例价值点凝练提升	学员产出：情景案例终稿。 标准：正文合规，语言生动，价值点到位，符合“生动、鲜活、有高度，负面情景案例可借鉴，正面情景案例可复制、可推广”原则；进度快	价值点凝练不到位；每篇情景案例同等权重指导，无重点	专家及研究助理重点帮助学员进行价值点提炼：给出其一些思维工具，帮助其厘定出开头及标题，能
	11:00—12:00	情景案例专家团队沟通协	点评各组情景案例进度，			组织项目沟通协调会	介绍本组情况，明确下一				

续表

日期	时间	内容	工作任务					关键任务	关键产出及标准	可能失效点	防范措施
			专家团队	学员	组长	组织方	研究助理				
第四天	11:00—12:00	调会	提示指导重点，分析解决问题办法				步工作，记录会议纪要		者完成教学说明。 研究助理产出：更新“工作汇总进度表”。 标准：同上。做出情景案例进度总结，体现出培训过程中情景案例的整体进展状态		从更高层面思考此情景案例的价值和适用性。情景案例专家与研究助理做好分工，情景案例专家集中重点帮助“中 1/3”符合情景案例规范但价值点不明确的情景案例，研究助理重点在“前 1/3”部分
	14:00—15:00	典型业务情景案例示范	点评分享情景案例	另外两组选代表上台分享情景案例							

续表

日期	时间	内容	工作任务					关键任务	关键产出及标准	可能失效点	防范措施
			专家团队	学员	组长	组织方	研究助理				
第四天	15:00—17:30	个性化指导：情景案例修改关键点	标题、价值点的辅导	情景案例撰写与修改	组织管理小组写作流程		指导学员写作，全程答疑				
	19:00—20:30	“写情景案例”：进行情景案例修改	标题、价值点的辅导								
	20:30—21:00	汇总本组情景案例情况，收集当天情景案例文章		组内学员交流当日写作心得及遇到的问题	组织组内学员交流		汇总本组情景案例情况，收集文章及存在的问题				

续表

日期	时间	内容	工作任务					关键任务	关键产出及标准	可能失效点	防范措施
			专家团队	学员	组长	组织方	研究助理				
第五天	9:00—10:30	情景案例论坛	每组的负责专家发布标杆情景案例点评，企业相关负责人总结本次培训	发布情景案例成果		组织并保障论坛正常进行		做好学员呈现前的辅导，确保情景案例发布能够体现出培训的成果与收获	学员产出：发布情景案例及呈现 PPT。 标准：分情景案例介绍和写作心得两部分，情景案例介绍部分清晰呈现情景案例结构及价值点	有的情景案例写得好的学员不擅长表达呈现	在选择情景案例时除了考量情景案例本身，也需考量学员的表达及有突出心得体会的学员。 发布前要有对应的呈现技巧辅导
	10:30—12:00	结业式				颁发结业证书，领导致辞					

续表

日期	时间	内容	工作任务					关键任务	关键产出及标准	可能失效点	防范措施
			专家团队	学员	组长	组织方	研究助理				
开班后				修改打磨完善情景案例		组织情景案例的修编，情景案例标准化工作	汇总情景案例培训成果及相关进度文件（情景案例文章、思维导图、汇总表、学员分享的PPT、写作培训日程任务表等），撰写新闻稿	情景案例成果汇总，情景案例标准化	产出：标准化情景案例，修编入库，成书		

批量开发行为指引

在前一节，我们对情景案例批量开发培训流程做了全面而细致的阐述。那么，作为情景案例写手的学员如何在短时间内撰写出高质量的情景案例？本节将从更加微观的角度解构情景案例，并运用情景案例开发行为指引完成情景案例内容的结构化。

选题

不是所有的业务项目都要开发成情景案例。必须对业务项目的典型性做出判断，这通常和企业经营管理的重点工作密切相关。因此，情景案例的选题至关重要。

谁是选题的最佳裁判员呢？当然是各级经营管理人员。最好的方式就是群策群力确定情景案例的选题。

海选目标是从作者亲历或身边的众多业务实践中选择出来的可以用作情景案例开发的 10~20 项。

海选标准：

- 企业的事，符合企业经营理念和经营发展重点，通常会结合所在条线和层级机构的重点工作排序决定。
- 身边的事，真实的经营管理活动，通常会由典型业务项目的决策者、执行者和经办者作为情景案例的撰写人。

- 新近发生的事，最好不超过 3 年，一般以一个典型业务项目的运作周期为限期，既可以是全周期全景式情景案例，也可以是某个阶段经营管理工作过程的情景案例。

情景案例选题要有高度、鲜活、可复制性、可推广性、可借鉴性，所以选题要基于业务需求性、工作典型性。情景案例选题分为两类：一类是指派的，有一定的典型性，通常由上级指令确定典型业务项目和参与写作成员；另一类是自选的，是具有业务需求性的情景案例，这种需求的提出部门可能是业务部门，也可能是案例研究中心部门。

情景案例写作的过程，是写手从典型业务的单纯操作到学习经营者思维的感性认知到理性认知的飞跃过程。所以，情景案例的选题尤为重要。

凝练

精选过程的目标，是从海选出的 10~20 项业务实践中进一步筛选，选出可以用作情景案例开发的 1~2 篇。

精选标准：

- 经验教训有价值。
- 做法模式有创新。
- 资料数据易获得。
- 过程手段可推广。

情景案例选题确定之后，需要进一步凝练主题。对于主题的凝练，情景案例作者应秉持“在位做事、越位思考”的思想，通过对主题和时间点的选择，凝练价值点，聚焦主题。对于主题的选择：一是符合情景案例写作目的和要求，以及想要展示给受众的。二是对于时间点的选择，分为故事情节分割和决策框架分割。故事情节分割是把情景案例的情节按照时间顺序排列，何时、何地、为何而发生了什么事，再根据你想要展示给受众、想要阐述的经营管理理论选择关键时间点。决策框架分割，对于企业的经营管理活动，组织管理者无时无刻不在做决策，组织的任何决策都有六个标准的决策分割点。根据这六个标准对每项决策进行分割，同样根据你想要展示给受众、想要阐述的经营管理理论选择关键决策分割点。

备料

步骤

- 准备资料。
- 按时间轴（情景线）来整理、归类资料。
- 再凝练与冥想。

资料

- 必备——工作总结、业务报告。
- 相关的会议记录。
- 相关的新闻报道。
- 情景案例对象的相关素材（公司的基本情况等）。
- 相关的高层讲话、精神传达。
- 访谈，对象可为此事件的负责人、经办人等其他相关当事人。

访谈原则

- 目标聚焦原则。访谈主题一定要集中在访谈目标的核心问题上，与被访谈者就某个主题展开讨论，谈论时注意集中论题，不要偏离太远。
- 平等开放原则。与被访谈者站在平等的位置上，营造相对轻松的环境和气氛，消除被访谈者的心理压力，真诚地交流，以思考和分析问题。
- 共享反思原则。针对访谈主题，捕捉双方共同感兴趣的论点，相互交流体会或经验，以促进彼此之间的深入思考，拓展思路。
- 适度激发原则。适度激发被访谈者潜在的态度和观点，鼓励并引导他们提供更新、更多的信息，以便全面、准确地分析问题。

二手数据收集要保证二手数据的真实性、及时性、同质性、完整性、经济性、针对性和相关性。

加工

加工是运用我们在备料步骤中准备的资料形成基本情景案例的过程，这是情景案例开发最重要、最核心的步骤。

情景案例的正文结构包括：

- 主标题（14 字以内，反映情景案例主题，简洁明了）。
- 副标题（明确具体单位、事件）。
- 内容摘要（250 字以内，三句话，第一句简要介绍情景案例的参与人物及关键事项；第二句描述业务处理方法和结果；第三句总结情景案例的价值点或可反思借鉴之处）。

- 关键词（5 个，前 3 个固定，分别为条线类别、主要业务、情景案例对象性质，其余 2 个可以个性化）。
- 正文——描述型情景案例：讲故事，讲细节，讲方法，讲标准。

可以结合工作总结或业务报告，将材料改为情景案例故事。那么，如何将工作报告转化成情景案例故事？首先找出经营管理故事发生中的“时间线、情景线、决策线”（见图 3-1）。

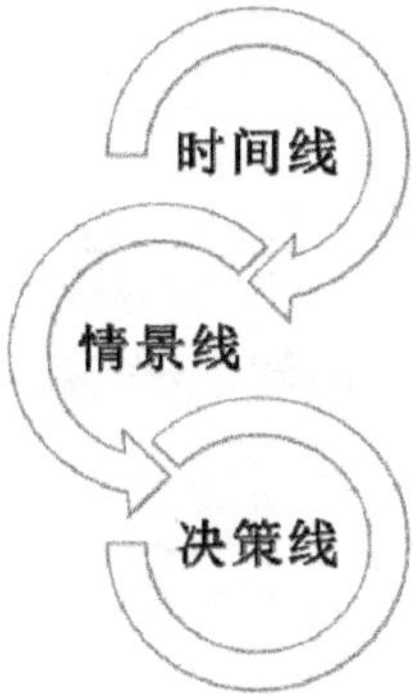

图 3-1　情景案例中的时间线、情景线、决策线

时间线：情景案例故事发生的关键事件按时间顺序排列。例如，2015 年 3 月，某种新兴业务诞生；2015 年 5 月，业务正式推向市场等。以大事记形式记录。

情景线：还原工作中的情景，发生事件时的外部环境、内部环境等，主要有四个情景（见图 3-2）。

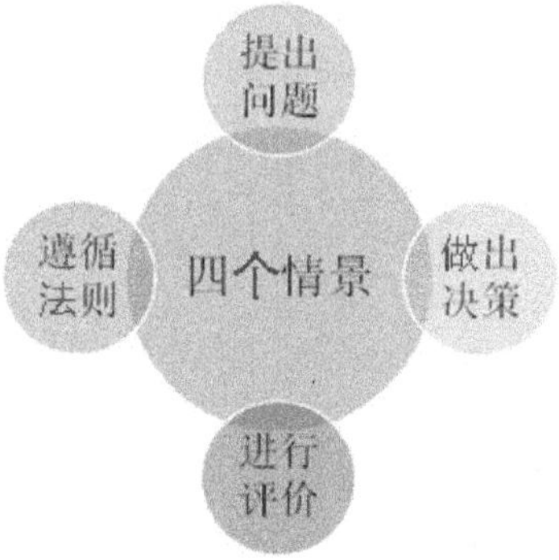

图 3-2　企业经营管理情景案例的“四个情景”

第一，提出问题：还原在工作中遇到的困惑及需要解决的问题情景。

第二，做出决策：还原工作过程中做出决策的过程，当时决策人的思考过程，即描述决策人是如何做出决策的。

第三，进行评价：还原工作场景下，对备选决策方案进行评价的情景，即在当时情景下决策人是如何考量各种方案的优势和劣势的。

第四，遵循法则：还原凝练日常经营管理中得失背后遵循的法则，哪些是可借鉴的，哪些是可复制、可推广的。

决策线：情景案例发展过程中的决策点连接成线，形成情景案例的主线，决策层层递进。

通过初步梳理后，进行转化。转化要点如下：

- 工作总结中的时间节点转化为情景案例故事的时间线。
- 工作总结中的重点事件转化为情景案例故事的情景线。
- 工作总结中的重点难点转化为情景案例故事的决策线。
- 工作总结中的经验教训转化为情景案例故事的价值点。

之后，将“三条线”和“四个情景”围绕情景案例的主题和要表达的价值点布局，形成情景案例故事，以还原企业的各业务条线在经营管理中，遇到了什么问题或困难、如何解决、如何决策、做出了哪些评价，即最后提炼了哪些法则，以讲故事的方式呈现给读者。

对于负面情景案例，要将重点放在价值损失的成因分析和止损举措研讨上，阐明该情景案例对业务的可借鉴意义，以之为鉴，防微杜渐。

润色

原则

按照“聚焦主题”，“列出关键事项”，按照关键事项重要性“排序”“合并”“整合”“质疑”这六步循环进行“否定之否定”的逻辑处理，“三进三出”最后形成标杆情景案例（见图 3-3）。

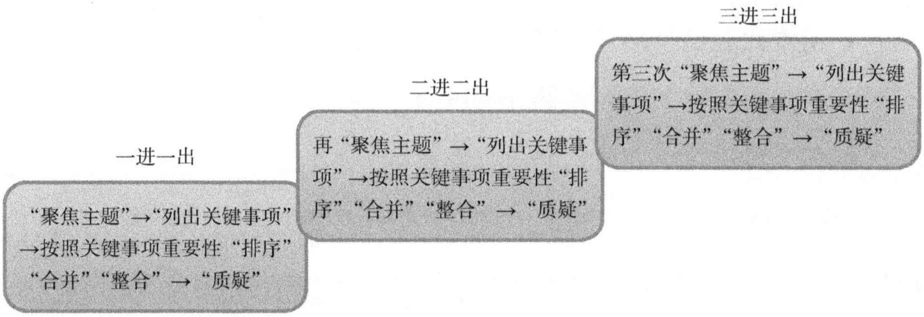

图 3-3 情景案例润色的三进三出法

操作注意事项

- 去口号、找细节——把口号翻译成时间、地点、人物、起因、经过、结果的记叙文。
- 顺逻辑、理脉络——按照时间线、情景线重新整理，检查各级标题和内容的逻辑性。

- 故事还原补遗漏——再进行一次整体回顾，查遗补漏。

测试

对于基本完工的情景案例进行测试以进一步完善和提高，最终形成情景案例的终稿。具体操作方法：

1. 读三遍（交叉阅读）——目的是找语法、用词、图标标号和标点等的错误。

2. 确保数据资料的相关性及完整性——注意图表标号与资料的一致性以及与正文的呼应。

3. 换由他人审阅，汇总意见并修改：

- 情景案例提交部门同事进行评阅。
- 情景案例交与事件当事人、亲历者进行评论。
- 情景案例提交上级领导进行审阅。
- 情景案例在培训课堂中进行使用。

选题、凝练、备料、加工、润色、测试六步骤是对情景案例撰写过程的进一步程序化阐述，对情景案例撰写工作的程序化以及标准化可以使得企业组织方在较短项目开发期内实现符合需求的情景案例呈规模性产出。同时可以实现情景案例开发工作模式可复制、可推广，企业可以持续性地定期对实践智慧进行动态化、及时化萃取与运用。

那么，在情景案例批量产出之后，如何对这些情景案例进行科学的管理与运用呢？这就涉及情景案例库的建设和管理工作。

集中修编

情景案例修编是一项十分繁杂的工作，主要目的是整合资源，做好精选案例的修编。本节介绍了高效整合资源实施精选案例修编的工作路线图，以及应关注的工作节点和质量管控举措。

修编工作定位

工作目标

将每篇案例按照《××××经营管理情景案例开发指引》规范反复打磨成标杆案例，并使其具备入编《×××××××××——××××经营管理情景案例精选》资格。

工作内容

- 聚焦：重温标杆案例，把握精髓。
- 校准：解构修编案例，全面校标。
- 统合：重构移植扩增，减臃整合。

工作方式

- 工作单元：情景案例专家、典型业务专家与专员有效组合。
- 质量互检：预设单元间循环互检纠偏。
- 督导抽查：领导现场督察。

修编工作程序

质疑聚焦

- 真实：还原经营管理的工作情景。
- 复制：实现自我修复价值再造/创造。
- 技巧：运用案例结构化单元组合，添活力。

对比校准

- 主标题与副标题。
- 内容摘要。
- 关键词。
- 正文。
- 案例教学指导。

重构统合

- 问题引领还原工作真实过程。
- 公正立场切忌自我评价。
- 第三方评议调控节奏。
- 数据挖掘得到支持。
- 布局谋篇大气。

修编质量控制

角色与责任

- 案例/业务专家。
- 案例/业务专员。
- 案例研究中心主任。

- 协调人。
- 督导。

案例研究中心、工作单元与协调人的关系

- 案例研究中心：案例研究技术转移与案例质量审核。
- 工作单元：典型业务项目价值发现与挖掘。
- 协调人：案例修编工作程序与质量协同控制。

《×××××××××情景案例精选》汇编与情景案例教学、情景案例营销和情景案例推广的关系

- 服务情景案例教学与培训方法的有效性。
- 服务情景案例营销与经营管理的针对性。
- 服务情景案例推广与机构及人员的绩效提升。

制定案例修编工作路线图，确定案例修编工作程序，关注的工作节点和质量控制要点很有必要。

经过多年的实战演练，我们总结提炼出一系列实操性较强的质量控制操作规范模板（见表 3-2 至表 3-5），提供给读者模拟使用。

表 3-2 集中修编时间安排

日期	时 间	内 容	人 员	成果控制点	地点
报到	19:00—21:00	统一案例修编要求、案例修编计划	总指导、总协调、组长、助理	修编要求、进度	
第一天	8:40—10:00	各修编小组根据修编要求对本组案例制订修编计划，分配案例修编任务	总指导、总协调、组长、助理	修编计划	

续表

日期	时　　间	内　　容	人　　员	成果控制点	地点
第一天	10:00—12:00 14:00—17:30	各修编小组根据修编计划和修编任务进行案例修编	组长、助理	案例修改过程稿	
	19:00—21:00	各修编小组完成当天修编任务及另外一组案例互评	组长、助理	完成×篇本组案例修编；另外一组案例互评；批注案例修改意见（如有）；案例修编评审表	
第二天	8:40—11:00	总指导和总协调对于各修编小组互评后完成修编案例并进行审核	总指导、总协调	批注案例修改意见（如有）；案例修编评审表	
	8:40—12:00 14:00—17:30	各修编小组根据修编计划和修编任务进行案例修编	组长、助理	案例修改过程稿	
	19:00—21:00	各修编小组完成当天修编任务及另外一组案例互评	组长、助理	完成×篇本组案例修编；另外一组案例互评；批注案例修改意见（如有）；案例修编评审表	
第三天	8:40—11:00	总指导和总协调对于各修编小组互评后完成修编案例并进行审核	总指导、总协调	批注案例修改意见（如有）；案例修编评审表	
	8:40—12:00 14:00—17:30	各修编小组根据修编计划和修编任务进行案例修编	组长、助理	案例修改过程稿	
	19:00—21:00	各修编小组完成当天修编任务及另外一组案	组长、助理	完成×篇本组案例修编；另外一组案	

续表

日期	时　　间	内　　容	人　　员	成果控制点	地点
第三天	19:00—21:00	例互评		例互评；批注案例修改意见（如有）；案例修编评审表	
第四天	8:40—11:00	总指导和总协调对于各修编小组互评后完成修编案例并进行审核	总指导、总协调	批注案例修改意见（如有）；案例修编评审表	
	8:40—12:00	各修编小组根据修编计划和修编任务进行案例修编	组长、助理	案例修改过程稿	
	14:00—17:30				
	19:00—21:00	各修编小组完成当天修编任务及另外一组案例互评	组长、助理	完成×篇本组案例修编；另外一组案例互评；批注案例修改意见（如有）；案例修编评审表	
第五天	8:40—11:00	总指导和总协调对于各修编小组互评后完成修编案例并进行审核	总指导、总协调	批注案例修改意见（如有）；案例修编评审表	
	8:40—12:00	各修编小组根据修编计划和修编任务进行案例修编	组长、助理	案例修改过程稿	
	14:00—16:00			完成×篇本组案例修编；另外一组案例互评；批注案例修改意见（如有）；案例修编评审表	
	16:00—17:30	总指导和总协调对于各修编小组互评后完成修编案例并进行审核	总指导、总协调	本组全部×篇案例完成互评及总指导审核	

续表

日期	时　间	内　容	人　员	成果控制点	地点
第五天	17:30—18:00	案例集中修编成果验收	总指导、总协调、组长、助理	全部××篇案例完成修编	

表 3-3　案例修编进程质量控制

案例编号（修编）	姓名	工作单位	职务	案例题目	案例编号（批量生产序号）	案例成熟度	案例进展情况	作者自我感悟	指导老师综合点评	入编建议
1										
2										
3										
4										
5										
6										
7										
8										
9										
10										
11										
12										
13										
14										
15										
16										

修编人(签名)：　　　　　　　　　　　　　　　　时间：　　　年　　月　　日

表 3-4　案例修编评价鉴定

案例排序	入编建议	姓名	工作单位	案例题目	案例编号	案例初稿成熟度	修编成熟度	案例展示评分	备注
1									
2									
3									
4									
5									
6									
7									
8									
9									
10									
11									
12									
13									
14									

评鉴人（签名）：　　　　　　　　　　　　时间：　　　年　　月　　日

表 3-5　案例开发项目评价报告

一、项目评价

1. 总体评价
2. 评价分析

二、阶段总结

1. 第一阶段
2. 第二阶段
3. 第三阶段

续表

三、案例成果统计
1. 案例成果分析说明
2. 案例成果统计表

智慧源泉

不做正确的调查同样没有发言权

毛泽东

我们现规定了人口和土地两种调查表格。这两种表格主要的是统计各阶级土地和人口比例，更具体地以铁的事实来解答我们现在许多问题。

过去许多地方往往忽视实际事实的调查，只凭自己空想去决定工作计划，去指导下级工作，结果计划行不通，指导是错了的。

现在这两种表格，我们如能照深刻注意实际的正确的统计填写起来，是能解决我们许多问题的，特别是现在分配土地的许多实际问题。深望红军政治部每到一处注意填写，地方政权机关逐项去填写，尤望红军中和政府中每个负责人随时随地做此种调查和统计。

到底如何才能使调查所得的材料真实正确呢？

第一，必须建立对这一工作的深刻认识，看清楚这一工作的重要，才会以大力注意。

第二，调查的人要不怕麻烦。调查这一乡，必须找到他们的分田的人口和土地调查本子，找到这一乡的经手分田的土地委员和熟悉这一乡情形的人，先把每一家人的阶级成分和每一亩为哪个阶级占有（属于地主、富农、中农、贫农……）分别清楚，再用硬算的办法统计清楚，按照实际数目填写上去。

第三，上级政府派去指导的同志和政治部负责的同志，须将两张表格的内容及调查时要注意之点，详细向执行这一工作的同志说清楚。特别是要说清楚：富农标准要是以剥削为他收入的相当部分。那些少量放账或借账的人还是列在中农。那些原是雇农，中间（未革命前）已经祖得土地耕种的人还是列入贫农。那些全家不耕田，专靠独立劳动（做裁缝、木匠等）谋生活的才叫独立劳动者。半耕半做手艺的还是按照他的经济地位列入贫农、中农或富农里面去。自由职业者与流氓的分别，是在自由职业者谋相当正业（如医生、教员等），流氓无一定职业，生活行为亦不一定，而且都是做坏的事多。

以上各项，如果调查时不弄清楚，则自己茫无把握，必致把阶级成分弄错了，失了统计的正确价值。

这两张表格——土地表格和人口表格有密切联系，填写时必须同时进行。无论个人或团体，填写好了可封好直接邮寄中央革命军事委员会总政治部收。

我们的口号是：一、不做调查没有发言权。二、不做正确的调查同样没有发言权。

典范研究

情景案例在银行

基于神州银行工作实践的调查报告

2014年开始，学院持续举办情景案例师资训练营，传播情景案例开发与情景案例教学方法论，培育情景案例人才队伍，并不断探索神州特色的情景案例应用模式。几年来，情景案例特色的主题活动在众多分行开花结果，情景案例师资训练营成为众多情景案例工作者开展工作的起点。

整体情况

调研对象对情景案例师资训练营给出了较高评价，得分都在4分上下，没有显著低分（见表3-6）。

表3-6 情景案例师资训练营评价结果分析

<table>
<tr><th>题　目</th><th>均值</th><th>标准差</th><th>人数（N）</th><th>因素均值</th></tr>
<tr><td>1. 情景案例相关培训对我情景案例开发能力的提升很有帮助</td><td>3.94</td><td>0.888</td><td>342</td><td rowspan="4">4.02</td></tr>
<tr><td>2. 情景案例相关培训对我情景案例教学能力的提升很有帮助</td><td>3.99</td><td>0.893</td><td>342</td></tr>
<tr><td>3. 老师的针对性指导对我提高实战能力很有帮助</td><td>4.01</td><td>0.876</td><td>342</td></tr>
<tr><td>4. 情景案例相关培训能够加强我运用情景案例的信心</td><td>4.04</td><td>0.870</td><td>342</td></tr>
</table>

续表

题　　目	均值	标准差	人数（*N*）	因素均值
5. 通过参加情景案例相关培训，我清晰地体会到了情景案例对业务发展和经营管理的价值	4.07	0.843	342	
6. 参加情景案例相关培训对我在分行如何推广、应用情景案例具有指导作用	4.04	0.820	342	

具体到训练营对情景案例开发能力、情景案例教学能力和情景案例价值理解的三个方面，七成左右的人员打分都在 4 分以上。

从情景案例实践情况与参加情景案例培训情况比较来看，样本中已经有七成人参加过情景案例教学或开发师资训练营，但超过 3 篇以上的情景案例开发人员不足 15%（见图 3-4、图 3-5），说明从情景案例方法论学习转化为情景案例实践行动的比重太少，还需要通过进一步刺激转化，提高学以致用的比例。该现象可能的原因包括：知易行难，操作起来难度大；分行内部缺少情景案例实践的机会；缺少情景案例实践的主观意愿。

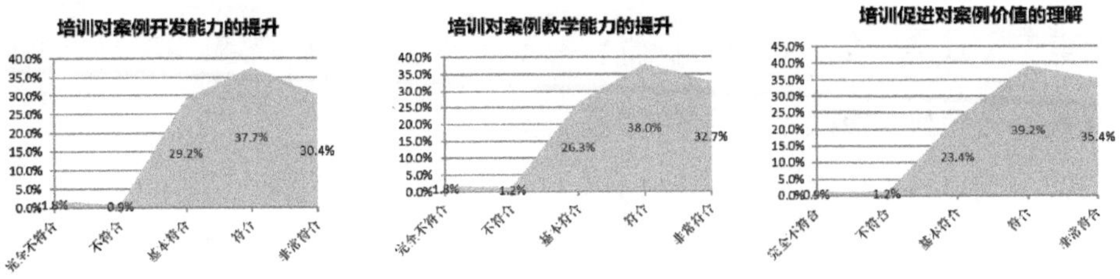

图 3-4　情景案例师资训练营的价值体现

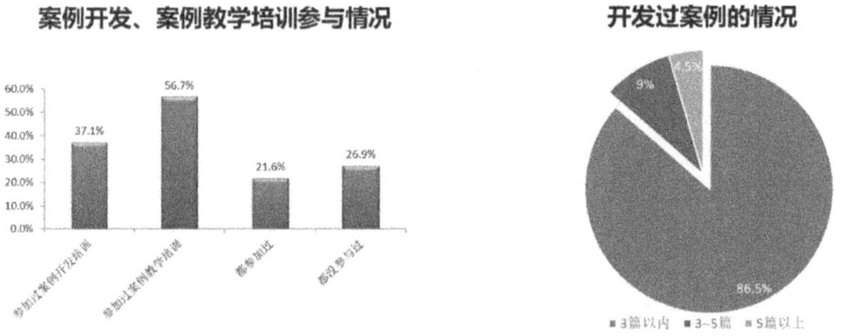

图 3-5　情景案例培训及情景案例开发情况

从不同类型人员对于情景案例师资训练营满意度来看（见图 3-6），既参加过情景案例培训又参加过情景案例开发实践的人满意度最高，知行合一增加对训练营的信心。只参加过情景案例师资培训的满意度排在次席，只参加过情景案例开发实践的排在第三位，都没有参加过的排名最末。未参加过训练营的人员因为缺乏实感，满意度最低。参加情景案例培训（无论是情景案例开发还是教学）的学员，对于情景案例的理解更深刻，对情景案例的推广和价值更认可。另外，只开发过情景案例的人员尽管认同情景案例模式与方法，但是仍没有参加过训练营的人员更具归属感。如果在后续工作中，将没有参加过情景案例师资培训但有情景案例实践经验的人员请进课堂，在系统方法论的赋能后，相信他们将成为分行情景案例工作开展的中坚力量。

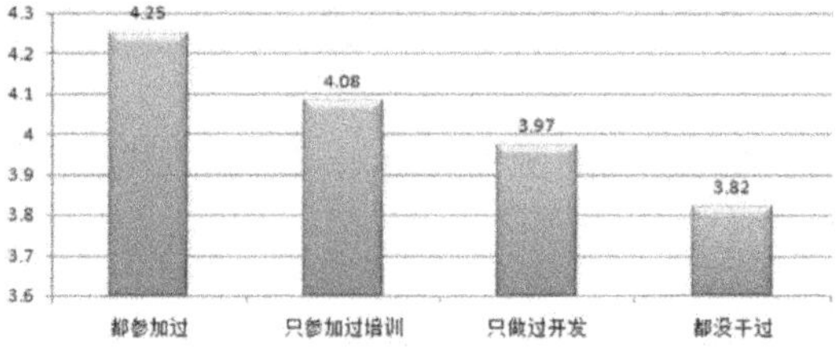

图 3-6　情景案例培训有效性

另外，数据显示，情景案例师资训练营的顺利举行有利于员工产生参加情景案例师资培训的意愿，且具有高显著性（见表 3-7）。对于个人来说，有了参加情景案例开发训练营的体验，会更愿意来参加情景案例师资训练营，反之亦然。自己参加体验后，也会推荐其他员工参加。师资训练营的相关报道可以激发未参加的员工参加。每次情景案例师资培训的开展都为后续开班创造了良好的口碑效应。

表 3-7 情景案例训练营有效性分析

		案例培训有效性	我有参加培训的意愿
案例培训有效性	Pearson 相关性	1	0.601**
	显著性（双侧）		0.000
	N	342	342
我有参加培训的意愿	Pearson 相关性	0.601**	1
	显著性（双侧）	0.000	
	N	342	342

**在 0.01 水平（双侧）上显著相关。

情景案例开发方法论

在情景案例开发方法论的现状评估中，自评得分整体都略低于对情景案例师资训练营的评分。尽管大部分员工认可情景案例开发方法论的有效性，但对于情景案例开发的方法流程和独立开发一篇情景案例的信心还不是很足（平均分在 3.6 左右，10%左右的人选择了“基本符合”），能够独立开发情景案例的比重刚刚过半，能够熟练开发情景案例的人员刚刚超过 20%，可喜的是，这些人员是神州内部具备情景案例开发能力的代表，是情景案例工作队伍的头部力量。另外，几乎全部人员基本具备情景案例思维。情景案例思维是员工在实际工作中捕捉情景案例素材、应用情景案例方法、取得业务成果的能力。员工一旦具备情景案例思维，即使还不能独立创作情景案例，但是已经具备了开展情景案例工作的能力。在集训营中着力塑造员工的情景案例思维，也是重要的成果之一。如图 3-7 所示。

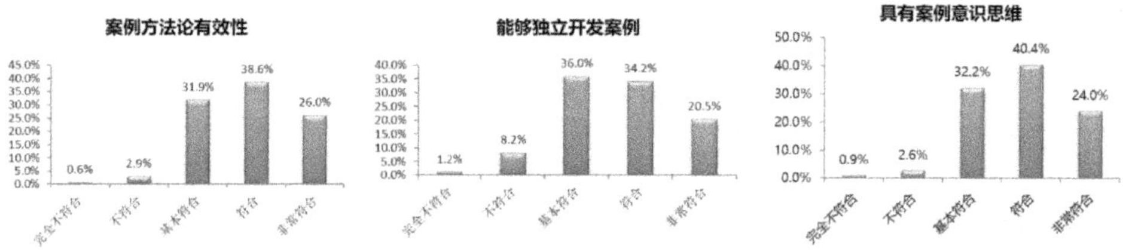

图 3-7　情景案例开发成熟度

从独立开发情景案例和具备情景案例思维的差异化分析（见表 3-8）来看，既参加过情景案例实践又参加过情景案例师资训练营的员工评分最高，且明显高于其他人群。对于分行来说，创造情景案例实践机会是最好的情景案例练习场景，而总分行联动的师资训练营仍有大量的培养需求需要满足。

表 3-8　独立开发情景案例和具备情景案例思维的差异人数化分析

题　　目	是否参加	人数	均值
1. 我能够独立完成一篇情景案例的开发	都参加过	52	4.12
	参加过情景案例实践	30	3.93
	参加过情景案例培训	133	3.59
1. 我能够独立完成一篇情景案例的开发	都没参加过	127	3.44
	总数	342	3.65

续表

题　　目	是否参加	人数	均值
2. 我在看到相关业务事件时意识到可通过情景案例呈现	都参加过	52	4.21
	参加过情景案例实践	30	4.07
	参加过情景案例培训	133	3.79
	都没参加过	127	3.69
	总数	342	3.84

另外，有文字显示，员工反馈在情景案例价值点、核心要点的把握和提炼上存在较大难度，再次验证了情景案例开发能力塑造的难度，需要在情景案例实践与培训中不断提升。

情景案例教学方法论

情景案例教学方法论是情景案例工作者普遍关注的要素（见图 3-8），情景案例教学与情景案例开发高度相关，但是数据同样显示，学员对于情景案例教学培训的认可度比情景案例开发培训的认可度更高，从一个侧面反映了学员对情景案例教学的诉求更加迫切，攻坚意愿更加强烈。在对参加情景案例训练营的动因分析中，情景案例教学是唯一影响因素，可见情景案例教学在神州情景案例工作中的重要地位。

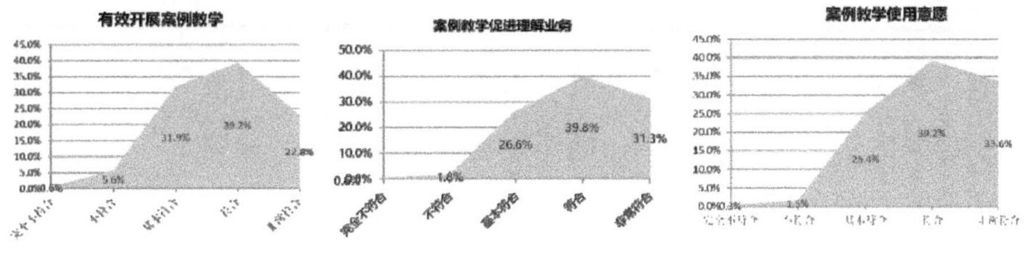

图 3-8　情景案例教学成熟度

从情景案例教学各题项的具体分析来看（见表 3-9），“我熟悉情景案例教学的流程”一项得分最低，大多数人对于掌握完整的情景案例教学流程和有效引导学员进行教学的信心仍然不足（平均分在 3.6~3.8，10%左右的人选择了“基本符合”)。情景案例教学技能具有较强的复杂性，需要持续积累才能实现突破。

表 3-9　情景案例教学各题项分析

题　目	均值	方差	人数（*N*）	因素均值
1. 我熟悉情景案例教学的流程	3.61	0.955	342	3.87
2. 我经常在培训中使用情景案例	3.80	0.875	342	
3. 我能够有效地引导学员完成情景案例分析和研讨，并传递知识要点或公司要求	3.78	0.881	342	
4. 我认为使用情景案例可以显著地提高学员的参与度、投入度及学习体验	3.96	0.850	342	
5. 我认为使用情景案例可以显著地提升培训效果，促进学员对业务的理解和执行	3.99	0.839	342	
6. 我愿意在以后的培训过程中增加情景案例的使用	4.04	0.822	342	

情景案例教学使用意愿在各题项中得分最高，七成以上的人打分在 4 分以上，体现了对情景案例教学法的认同。而在情景案例教学促进业务理解方面，4 分以上的比例也达到了七成以上，认同度同样很高。情景案例教学提高学员体验的得分均值也接近 4 分，与前两个选项共同诠释了情景案例工作者愿意应用情景案例教学法的详细原因。

其他发现

通过问卷调研的文字反馈，还获得了其他有价值信息。分行开展情景案例工作遇到的主要困难和挑战包括：

- 工教矛盾较为严重，业务一线人员工作强度大，在情景案例开发时间投入上存在较大冲突，而情景案例开发本身是一个需要高度投入的工作，两者之间的矛盾需要协调。
- 分行层面缺少良好的情景案例研讨活动，情景案例工作者没有相互交流经验与资源的机会。
- 没有足够重视情景案例开发推广转化，在产出情景案例汇编和其他情景案例成果后，没有及时转化为员工可以接触到的内容产品，没有激发相关人员的使用意愿，情景案例开发没有取得高影响力的回报。

需要总部，特别是企业学院提供支持，包括：

- 持续组织情景案例师资培训。希望开展多种形式的培训，特别是组织各分行内训师进行集中培训。通过系统化学习，提升内训师水平，强化具有专业水平的情景案例研发队伍，进而提升全员的学习培训效果，提高情景案例开发后的推广转化效能。
- 促进分行间情景案例资源共享。希望总部与分行资源共享，多分享兄弟分行的业务发展经验。全国经验共享将是助推业务发展的又一契机。
- 进一步加强对情景案例工作的管理与指导。将抓情景案例、用情景案例、加强情景案例开发与管理作为基层机构日常工作之一。

第 4 章

情景案例经营与管理

情景复盘

华恕集团有限公司董事长卓忠芳出席华恕集团新时代党校建设座谈会，提出“将着力推动以中国共产党执政心学引领经营管理情景案例研究工作，要把情景案例研究与党组织建设有机融合起来，发挥中国共产党执行心学对我们日常管理行为、经营行为和价值创造行为的定海神针作用”。

“一石激起千层浪”。30 位参会代表围绕如何快速落地“华恕集团情景案例库建设总体方案”畅所欲言：党委组织部（人力资源部）提出集中开发一批新时代基层党组织组织力建设标杆情景案例，战略发展部提出六大举措对接集团业务发展七大战略重点项目的战略发展情景案例，海外欧洲分公司提出即刻安排人员将正在参与推进的欧亚空中丝绸之路项目为蓝本的“一带一路”样本情景案例开发工作……

监事长薛贞伦不时地记录下大家的意见，并代表集团党委宣布了三项决定：一是立规矩。由党校新设的华恕集团情景案例研究中心承办，启动华恕集团经营管理情景案例开发应用的专项研究工作，拿出一套较为完善的情景案例开发、使用、管理等系列制度规范，统一规范全集团情景案例工作行为和成果审验标准。二是出成果。着手策划实施两期典型业务项目情景案例开发专题培训班，出一批标杆情景案例，积累批量化情景案例生产经验。三是搭平台。组建华恕集团情景案例研究专家委员会，各个职能部门和机构分别举荐两名业务专家，承担本部门和机构的情景案例主题审查、组织推动工作，定期参加专家委员会会议，履行专家委员会的责任和义务。

情景案例研究中心建设

情景案例研究中心的定位

企业设立情景案例研究中心的目的就是沉淀和传承企业经营管理智慧，情景案例承载的就是企业智慧信息。因此，企业情景案例开发技术与转移和情景案例教学技术与转移就成为情景案例研究中心两项最核心、最基本的技能。

企业可以根据自身的条件状况，自主选择情景案例研究中心的存在形式。这就是说，情景案例研究中心既可以设置为企业实体内的一个职能部门，也可以作为企业虚拟的一个机构；当以虚拟机构存在时，既不需要增加编制，也不涉及职级，往往指定某个职能部门增加一项职能内容而已，更便于快速挂牌落地。不管采用哪种存在形式，都要有效承载并实现情景案例研究中心的基本定位，即企业情景案例开发、情景案例教学、对外交流合作的平台，组织协调企业内各部门开发教学情景案例，逐步建立企业的教学情景案例库。

情景案例研究中心与情景案例库共同构成了企业经营管理智慧平台必不可少的两个重要组成部分。情景案例研究中心从定位出发，承载着情景案例的开发和情景案例库的运营管理；而伴随着情景案例库由无到有、由小到大，情景案例研究中心为企业经营管理智慧的系统化管理和智能化管理提供了基础条件，不仅可以将批量化生产的情景案例储存下来，而且可以借助人工智能技术实现企业智慧组合管理、定制化服务，提升智慧传承效率和效果，使得情景案例承载的企业智慧及时准确地推广并应用到企业中，实现企业智慧的精准传承、高效转移和价值再创造。

情景案例研究中心的职责

情景案例研究中心既是输入和输出企业情景案例的枢纽，也是集中采集、加工、生产、推广、应用和维护企业情景案例成果的重要保障部门。因此，一般情况下，企业设立情景案例研究中心应该承担以下职责：

- 制定并组织实施情景案例研究规划。
- 帮助企业研发经营管理情景案例模型。
- 制定情景案例开发标准和使用标准。
- 推动组织开展情景案例开发技术、应用技术、研究技术，以及技术转移课题研究工作。
- 承担情景案例批量化生产，个性化辅导指导，成果的编辑、出版和发行工作。
- 承担情景案例库建设，负责入库情景案例的采集、使用、更新和维护工作。
- 承担与企业情景案例开发与使用相关的其他各项工作。
- 组织开展内部和外部情景案例研究与交流活动。

情景案例研究中心职能通常会作为企业党校暨经营管理学院职能的延伸，依托党校暨经营管理学院资源，申报情景案例研究计划，评价情景案例研究绩效，对外可以企业情景案例研究中心名义开展情景案例研究工作。

情景案例研究中心要发挥自己的职能，必须充分调动智慧资源部门人员的积极性，处理好情景案例研究中心与职能业务部门（简称工作单元）和人力资源部情景案例协调人（简称协调人）的关系：情景案例研究中心负责情景案例研究技术转移与情景案例质量的审核；工作单元负责典型业务项目价值发现与挖掘；而协调人负责情景案例修编工作程序与质量协同控制。三者各司其职，充分发挥各自的职能作用。

情景案例研究中心的任务

情景案例研究中心的任务不同于职责，简单地理解为：

服务于企业的人才培养

按照企业人才培养规划要求，做好情景案例研究中心的发展规划和组织实施工作，使情景案例研究更好地服务于企业经营管理人才培养的需要。

作用于经典情景案例文本的转化

依托企业高层和管理者研修课程，运用电子化手段，将引进的经典情景案例课程转化成视听材料，通过速记整理及对文字材料的二次开发，形成经典情景案例文本。

致力于情景案例库的开发

开展情景案例模型研究，形成情景案例开发与使用基本规范，建设情景案例批量开发能力，不断充实完备情景案例库。同时，鼓励情景案例研究人员使用入库情景案例授课，定期组织情景案例研讨交流活动。

建立和完善情景案例研究联系人制度

培育海内外重点业务部门及分支机构情景案例研究联系人，适时捕捉企业内经营管理最佳实践，提升情景案例的研究质量和针对性。

建立情景案例评价和激励机制

定期组织情景案例成果评选，对提供了原创性的具有较高质量情景案例的单位和个人进行物质和精神奖励，以强调企业上下对情景案例的重视程度以及激励大家情景案例创作的积极性。

情景案例研究中心的人员运用

情景案例研究中心可以独立于企业各职能部门单独存在，甚至可以作为一个虚拟的柔性组织部门。情景案例研究中心的人员运用也相对比较灵活，既可以有专门设立的情景案例研发小组，也可以由部门之间负责协调的情景案例研究中心成员组成，还可以有从外部借用的专家顾问等。具体可以分为三类。

情景案例研发小组

由企业专门负责教学研究的人员和各层级经营管理业务专家为骨干组成情景案例研发小组，开展情景案例研究工作。条件成熟时设置情景案例研究中心职能处室，配置专门人员，履行中心职责，提升绩效评价水平。

情景案例研究中心成员

情景案例研究中心由主任、研究员、研究助理组成，通常从党校学院具有情景案例研究能力的教研人员中筛选出来，并委以情景案例研究工作任务或具体承担情景案例研究中心日常运营管理工作等。

外部专家顾问

根据情景案例研究需要，由情景案例研究中心提名，经情景案例研究中心授权批准，可邀请和吸收有关经营管理专家顾问参与情景案例研究中心的情景案例研究和成果评价工作，并给予适当课酬或培训机会的补偿。

情景案例研究中心的“三步走”战略

建立企业经营管理情景案例研究中心是企业培育自身研发能力的重要举措。情景案例研究中心要突出企业“经营管理”的特点，以开发综合性经营管理情景案例为主体，重点放在研发制定经营管理情景案例标准上，循序渐进地推进情景案例库建设。

情景案例研究中心建设采取“三步走”战略。

- 短期目标。以培育情景案例研发能力为主，探索综合性经营管理情景案例开发规律。通过情景案例研究中心开发示范性情景案例，组织企业产学研协同进行情景案例开发，指导情景案例教学工作，收集汇编情景案例入库，邀请各级经营管理者讲授鲜活的情景案例，携手授课讲师，把深受学员欢迎的情景案例整理出来，逐步建成体系化、系列化、规范化的经营管理情景案例库。这样操作能够发挥情景案例研究人员在课程体系建设和情景案例教学规范的引导作用，充分发挥情景案例授课讲师背景深厚、熟悉我行战略、掌握业务标准等独有优势，简单易行，容易得到立竿见影的效果。可能的困难是授课讲师再度合作的意愿及工作时间是否许可等。

- 中期目标。以科学的方法制定企业综合经营管理情景案例标准为主，用 2~3 年的时间形成企业自身的经营管理情景案例标准。从研究经营管理情景案例模型入手，挖掘情景案例本源，确定关键因素，形成情景案例开发规范和情景案例使用规范，为批量情景案例开发和情景案例使用奠定坚实基础。这个目标十分艰巨，但意义深远，应下决心办好，也可采取公开招标方式广泛征询课题研发方案。
- 远期目标。以建立品类齐全、功能完善的经营管理情景案例库为主，用 3~5 年的时间，完成 300~500 个涉及公司治理、风险管理、内部控制、财务管理、运营管理、连续性管理以及品牌建设等经营管理活动的综合性情景案例研发，形成情景案例开发、使用、更新和辐射的能力。

情景案例研究中心的核心产品

情景案例汇编

情景案例汇编是企业经营管理、业务发展的直接成果沉淀与展示，自然而然就会得到各部门层级的普遍重视。各部门结合本部门的重点工作，通过主题活动、培训等多种渠道，收集经营管理、风险管控、业务操作等主题的情景案例形成汇编，并以文本、PPT、视频等各种形式应用于教学、宣传、会议等场景中，充分发挥情景案例汇编的宝贵价值。

情景案例汇编的来源

各单位情景案例汇编通常有以下三个来源：

- 结合各种主题活动在企业范围征集情景案例。主题既可覆盖企业，也可仅聚焦相关业务。主题活动通常覆盖面大，影响范围广，能够快速深入一线挖掘基层优秀业务情景案例。在情景案例工作推动有力、基层参与度大的单位，通过此类活动通常都能在短期内迅速产出一批情景案例。
- 各种情景案例开发及教学培训班成为高质量情景案例的重要来源。情景案例开发及教学通常对人员有较高的能力要求，如有较强的任务执行、逻辑分析、文字组织、授课呈现等能力。在各单位组织情景案例开发及教学相关的培训班时，通常对参与人员都会提出相应要求。参加培训班的人员大多为具有一定基础的内部讲师或管理干部。同时，各单位为保证培训质量，通常会邀请情景案例研究中心专家或外部机构情景案例专家提供授课、点评、辅导等内容，并且在培训实施之前与授课人员沟通相关内容。因此，教师和学员两个群体的优选，加之完善的听课、练习、一对一辅导等环节的设计，情景案例培训班产出的情景案例成果通常质量较高。
- 各业务部门、层级在工作过程中沉淀优秀经验形成情景案例。通过基层部门不断总结日常工作的经验和教训，运用情景案例的思想，把这些宝贵的财富最终凝练为可传播形式的情景案例。

情景案例汇编的编制流程

情景案例研究中心应有一套相对成熟而完整的编制流程来支撑情景案例汇编工作。通常会经历规划、收集、筛选、成册四个步骤。首先，结合战略目标要求和项目定位规划主题和情景案例汇编架构，明确流程、责任人和组织机构。其次，通过人力条线或业务条线进行情景案例收集。再次，由业务条线或基层业务部门进行初步筛选，提交上级业务部门或人力部门，最终确定的情景案例评审小组进行评审筛选。最后，对优选情景案例排版加工、审核校验完成整个开发流程。最终的评审标准根据不同企业的不同特征可以划分为多个维度，如重要性、典型性、可推广性等。鉴于不同企业的情景案例工作成熟度不同，可以根据自身情况增删流程内容。

情景案例汇编的应用

情景案例汇编通常以文本形式为主。同时，根据汇编使用目的需要，按照不同的场景适用要求，将汇编情景案例开发成 PPT、图文、视频等多种形式的副产品呈现给使用者，更广泛地应用于情景案例教学或传播使用。

- 应用于教学。各部门在征集情景案例时，对于情景案例的教学设计也进行了要求。既帮助情景案例开发人员在情景案例开发环节就能对情景案例的教学应用进行思考，也为后续使用情景案例进行教学的人提供了便利。

- 应用于工作会议。在情景案例工作法不断渗入企业经营管理的同时，将情景案例融入企业各级工作会议成为情景案例应用常态。
- 应用于各种宣传活动。各部门结合自身工作部署、目标及特点，组织开展巡讲、开发视频情景案例传播、情景案例学习分享、情景案例交流研讨会、情景案例微课制作大赛、上传在线学习平台和公众号等不同形式的应用，使情景案例能够在不同渠道、不同平台、不同媒介上实现成果共享。
- 应用于日常工作。对于贴近基层业务、篇幅较短的基层典型业务情景案例，融入业务部门的晨会、夕会和其他业务时间，要求员工读情景案例、讲情景案例、评情景案例，撰写心得，反思情景案例得失经验，优化工作内容，并对公司内控环境建设、业务改进等提出相关建议，直接指导业务实践。

情景案例汇编通过不同场景的应用，情景案例价值得到了最大限度的发挥，不仅助推了业务经验复制和组织能力提升，还促进了经营管理、团队建设和人才培养。

影响情景案例主题的因素

情景案例汇编作为发挥情景案例价值，传播经营管理思想，指导业务实践的有力武器，选题至关重要。影响情景案例主题选择和确定的因素很多，主要有以下几点。

- 企业目标及工作部署。情景案例的选题主要围绕本年度或某个时段内，部门内部最关注的核心热点，能够帮助企业各部门实现当期乃至远期目标的题材，或者根据工作部署的重点和难点寻找最切合的题材。

- 部门典型事件。既有成功的情景案例，也有失败的情景案例。成功的情景案例作为企业经营管理理念传递、组织智慧经验传承的重要媒介，得到了各单位的重视。在董事长提出“尽可能讲企业自己的情景案例，尤其是失败的情景案例和问题情景案例，这些情景案例是付出了代价的，要把它们变成教育培训的素材，变成银行宝贵的财富”的要求后，各单位对于失败情景案例的收集也提出了明确的要求。
- 基层的业务经验或需求。情景案例作为一种有效的教育培训手段，在企业高层的积极推动下，基层在通过网络、会议、培训等多种场景体验情景案例教学魅力、感受情景案例价值的前提下，对情景案例价值给予了广泛认可，普遍认为好的基层情景案例能够更直接地提升绩效。因此，基层的业务经验或需求成为情景案例主题的重要来源。

情景案例课题研究（示例）

情景案例课题研究是一项实践性很强的工作。企业情景案例工作模式的研究，可以优化工作内容，并对公司内控环境建设、业务改进等提出相关建议，直接指导业务实践。

《企业情景案例工作模式》课题研究

调研问卷1

（企业个人）

姓名：　　　　　单　　位：

职务：　　　　　联系方式：

您好！感谢您在百忙中填写此问卷！

为了更好地了解情景案例工作队伍的真实情况、成果贡献和困惑挑战，邀请大家参与本次问卷调研。

此问卷大约需要您15分钟时间，问卷仅用于工作总结和学术研究，请畅所欲言。再次感谢您的大力支持！

年　　月

一、基本信息

1．您在企业的工作年限：

A．1年以内　B．1~5年　C．5~10年　D．10年及以上

2．您担任当前职务的年限：

A．1年以内　B．1~5年　C．5~10年　D．10年及以上

3．您的学历：

A．大专　B．本科　C．硕士　D．博士

4．您的职位序列属于：

A．经营管理类　B．专业技术类　C．操作技能类

5．在您以往的工作中，负责或参与情景案例相关的哪些工作？（可多选）

A．情景案例开发　B．情景案例教学

C．情景案例运营与管理　　　　D．都未参与

6．您是否参加过企业系统内的情景案例开发、情景案例教学方面的培训？

A．参加过情景案例开发培训　　　B．参加过情景案例教学培训

C．都参加过　　　　　　　　　D．否

7．过去一年中您撰写或参与撰写过几篇情景案例？

A．3 篇以内　　B．3~5 篇　　　C．5 篇以上

8．您所在的单位已经成立了情景案例库/情景案例研究中心？

A．是　　　　B．否

9．在您所在的单位，通常在以下哪些场景中会应用情景案例？（可多选）

A．培训　　　B．会议　　　C．宣传　　　D．项目复盘

E．工作汇报　　F．人才培养项目 G．其他，例如：

说明：后续问题请根据以下等级，按照您对各项陈述的同意或认可程度进行评分。

1 =完全不符合　2 =不符合　3 =基本符合　4 =符合　5 =非常符合

二、情景案例师资培养

注：如未参加过企业系统内的情景案例相关培训，不必填写本部分。

1．情景案例相关培训对我的情景案例开发能力的提升很有帮助。	1	2	3	4	5
2．情景案例相关培训对我的情景案例教学能力的提升很有帮助。	1	2	3	4	5

3．老师的针对性指导对我提高实战能力很有帮助。	1	2	3	4	5
4．情景案例相关培训能够加强我运用情景案例的信心。	1	2	3	4	5
5．通过参加情景案例相关培训，我能清晰地体会到情景案例对业务发展和经营管理的价值。	1	2	3	4	5
6．通过参加情景案例相关培训，我对在单位如何推广、应用情景案例具有指导作用。	1	2	3	4	5

三、情景案例开发

注：如未主导或参与过单位情景案例开发工作，不必填写本部分。

1. 我熟悉企业情景案例开发的方法和流程。	1	2	3	4	5
2. 我认为企业情景案例方法论清晰、简明，可操作性和适用性强。	1	2	3	4	5
3．我能够独立完成一篇情景案例的开发。	1	2	3	4	5
4．我能够从业务角度出发进行情景案例选题或选材。	1	2	3	4	5
5．我能够将业务总结或业务工作转换成情景案例。	1	2	3	4	5
6. 我能够从情景案例事件当中挖掘体系化、有深度的经验点和价值点，清晰传递公司的经营管理思想。	1	2	3	4	5

7．我在看到相关业务事件时意识到可通过情景案例呈现。	1	2	3	4	5

四、情景案例教学

注：如未主导或参与过单位情景案例教学工作，不必填写本部分。

1．我熟悉情景案例教学的流程。	1	2	3	4	5
2．我经常在培训中使用情景案例。	1	2	3	4	5
3．我能够有效地引导学员完成情景案例的分析和研讨，并传递知识要点或公司要求。	1	2	3	4	5
4．我认为使用情景案例可以显著地提高学员的参与度、投入度，并提升学习体验。	1	2	3	4	5
5．我认为使用情景案例可以显著地提升培训效果，促进学员对业务的理解和执行。	1	2	3	4	5
6．我愿意在以后的培训过程中增加情景案例的使用。	1	2	3	4	5

五、情景案例运营

注：如未主导或参与过单位情景案例运营与管理工作，不必填写本部分。

1．我所在单位已经积累了与情景案例开发相关的模板、工具、样例。	1	2	3	4	5
2．我所在单位已经对情景案例进行了有效的管理（收集、上传、成册），并能够持续更新迭代。	1	2	3	4	5

3．我所在单位的情景案例管理已经有了完整的流程和制度保障。	1	2	3	4	5
4．企业现有的情景案例已经能够在单位各种业务场景（如培训、会议、工作汇报等）中得到应用。	1	2	3	4	5
5．我所在单位情景案例库的运营能够有意识地配合公司业务发展和经营管理。	1	2	3	4	5
6．在总行或单位情景案例征集或大赛活动中，我单位员工能积极参与并提交情景案例。	1	2	3	4	5

六、情景案例价值

1．开发情景案例或运用情景案例教学有助于丰富员工的业务经验。	1	2	3	4	5
2．学习或运用情景案例有助于员工提升工作能力。	1	2	3	4	5
3．借鉴情景案例有助于解决实际的业务问题。	1	2	3	4	5
4．合理使用情景案例研究方法应该成为员工日常工作的一部分。	1	2	3	4	5
5．情景案例培训、推广和应用促进了各单位间的业务交流。	1	2	3	4	5
6．情景案例能够有效地挖掘、汇聚、传播企业各层级的工作经验和智慧。	1	2	3	4	5

7. 公司的经营管理思想能够通过情景案例途径有效地传递到基层。	1	2	3	4	5
8. 企业内部发生的重大业务事件能够迅速及时有效地通过情景案例在内部进行传播。	1	2	3	4	5

七、情景案例推广

1. 我愿意（再次）参加总部企业大学组织的与各种情景案例相关的培训。	1	2	3	4	5
2. 我愿意向其他人推荐总部组织的与情景案例相关的培训。	1	2	3	4	5
3. 我希望各单位也能组织与情景案例相关的培训。	1	2	3	4	5
4. 我会推动情景案例方法在各种应用场景下的合理应用。	1	2	3	4	5
5. 我愿意在合适的时机组织业务部门开发业务情景案例。	1	2	3	4	5
6. 我愿意在单位积极推进情景案例工作化、工作情景案例化。	1	2	3	4	5

八、您在情景案例开发、教学及应用过程中遇到的具体困难有哪些？

九、您希望在今后的情景案例工作中从总部获得哪些支持？

感谢您在百忙之中抽出宝贵的时间完成问卷，谢谢您的积极参与！祝您工作顺利、生活愉快！

《企业情景案例工作模式》课题研究

调研问卷 2

（企业机构）

姓名：　　　　　　　　　　单　　位：

职务：　　　　　　　　　　联系方式：

尊敬的　　　　　：

本问卷的主要目的是用清单式提示贵单位全面总结过往情景案例开发与应用的最佳实践成果，展示贵单位为企业情景案例工作做出的重要贡献。请您填写列示的六个问题，并提供一份全面总结及对应的支撑资料（附表），同时请满足三点要求：

1．如有网络媒体公开发表的有关企业情景案例工作的宣传文章、专业研究文章等可附上相关文章网址链接；

2．如针对调研问题有比较详细的文字材料，请先简要填写问卷后，直接附上对应的文字材料即可；

3．原则上，支撑材料清单内列示内容请一一提供，将单文档资料列示清晰，连同问卷填写结果一并打包。

再次感谢您的大力支持！

年　　月

请回答以下六个问题：

1．您所在的单位是否举办过情景案例开发、情景案例教学师资培养等情景案例人才培训班或培养项目？是否建立了专业的情景案例工作队伍（如专门的情景案例写作人员、情景案例教学师资）？如果有，请详细说明。

2．您所在的单位是否形成了情景案例成果（如情景案例集、情景案例汇编、情景案例开发或教学指导手册等）？如果有，请详细说明。

3．您所在的单位是否建立了情景案例库，并且有完整的情景案例入库标准、分类及评价标准及流程？请详细说明。

4．在您所在的单位，情景案例是如何应用到实际工作中的？结合单位的情景案例工作实践，您认为情景案例在促进单位经营管理和业务发展方面发挥了什么样的作用？除此之外，在其他方面（如促进国际化、人才培养、提升品牌文化等）是否也发挥了作用？请举例详细说明。

5．您所在的单位是否建立了相应的情景案例工作机制（如激励制度、宣传制度、保密制度等）？如果有，请详细说明。

6．您所在的单位在情景案例工作实践方面还有哪些创新？如果有，请举例详细说明。

情景案例库建设

情景案例库顶层设计

企业的情景案例库建设工作，是在企业的顶层设计和率先垂范下，以部门为单位在整个企业内部陆续开展起来的。以情景案例库为载体，汇聚企业多年来的情景案例成果，结构化分类，信息化承载与传播，基于情景案例库规划设定情景案例开发计划和情景案例相关应用活动，不断激活情景案例应用，持续塑造情景案例应用影响力。随着情景案例库的逐步完善，最终将实现上下穿透、跨界联动、内外结合的新局面，从创作到应用情景案例价值链实现端到端拉通，企业特色的情景案例生态圈将逐渐变为现实。

情景案例库的建设是企业运用情景案例工作法的目标，情景案例库的建设对企业而言是十分关键的。一方面，情景案例库是情景案例工作开展到一定阶段的产物。企业着力推广情景案例工作方法，面向全公司各部门和层面持续开展情景案例开发与教学训练营，伴随着多个部门陆续推出覆盖公司核心业务主题的情景案例汇编，输出了大量情景案例成果。对现有情景案例进行盘点、存储、分类管理和有效传播，是单位情景案例工作负责人急需开展的工作，情景案例库建设提上情景案例工作的日程表。另一方面，承接公司顶层设计，保持各部门自身特色。企业可以设立总公司联动的二元化情景案例库管理架构，基于企业业务特色的情景案例库架构设计，通过严格评审修编收录了公司级优秀情景案例，根据公司信息安全相关要求完成了现有情景案例的定密定级工作。各部门在参考总公司情景案例库架构构建部门情景案例库的同时，也尽可能保持本部门的自身特色。此外，部门既重视情景案例的垂直应用，又期待部门间的深度交流。部门通过情景案例开发计划，征集了一批较高质量的情景案例，主要聚焦在业务操作、内部控制、风险控制、经营管理等业务领域，并在这些领域中面向合适人群进行传播和应用。特别强调的是，实现情景案例库的平台化、数据化和智能化。在情景案例汇编和相关纸质版材料的基础上，各部门以在线学习平台、移动学习平台和公众号等打造情景案例阵地，通过技术手段促进情景案例的上载、搜索、传播和精准学习。

当前，情景案例库建设实践主要体现了五方面价值：

最佳实践经验的传播平台。复制企业业务实践，提炼关键经验，通过情景案例平台进行推广，在整个企业范围内起到示范作用。

业务决策平台。当业务中遇到难以决策的业务难题时，参考情景案例库中相关情景案例的做法，预见可能的商业结果与风险，提高决策水平，情景案例成果可以作为其他部门投资或者开展相关业务的重要参考依据。

业务场景库。在业务实战中积累业务场景，帮助员工丰富业务经验，了解各类业务场景的应对举措和公司业务要求，在确保合规的情况下，选择业务应对最优解，基于业务流程重排后，可以构建比较完整的情景案例场景资源池。

绩效支持系统。在典型工作中提炼规定动作和核心技能，通过情景案例学习提高中基层员工的履职能力，而基于岗位视角进行组合应用，可以有效地支持特点岗位员工的履职与胜任。

教学素材库。依托教育培训这个情景案例应用的高频手段，不断提供特定主题下的优质情景案例内容，快速转化为课堂教学的素材，提高培训的生动性和交付质量。

情景案例库分层分类

为了更好地管理情景案例库，需要对情景案例库的层次进行划分，而类别的划分可以从两个维度考虑：一是纵向对于层级的考虑，二是横向对于各类业务的具体分类，对于不同的企业划分标准也有所不同。

对于企业情景案例库纵向层级划分可以考虑从情景案例库的作用对象不同加以划分。例如，按照组织层级划分，企业内部可以设立一级库、二级库、三级库。一级库与人才培养做对接，服务战略型人才和多元化经营人才，着力于企业战略目标的实现、综合性管理的提升、推进制度的改进和企业的创新发展。对于这样的一级库，企业有着独立的情景案例内部备份平台及独立的硬件保存设施，保证情景案例信息的完整和安全，将具有典型性、宣传性、示范性并可以公开的情景案例放入学院情景案例分享平台上，供企业上下学习。二级库则服务于战略的落地实施与执行，相对于一级库更加侧重于区域化经营管理的改进，更加注重专业性，二级库主要服务于总公司，由子公司、下属地方事业部的人力资源系统予以自主管理。若有意愿分享的单位，可直接与总公司情景案例研究中心互通联系。三级库则服务于基层，与具体的经营管理做对接，主要关注基层业务部门的产品对接能力与人才发展对接能力。三级库是比地方情景案例库更小的情景案例库单元，可以说公司内部基层部门或者附属部门所建的情景案例库一般不再单独设置线上情景案例库，而是统一放到企业共享的知识平台中。三个层级的情景案例库各自独立，又密切相关，形成了一张由基层三级库向一级库聚拢的情景案例库网络。一级库就如同企业的心脏，不断收集整个企业内外的情景案例血液，反输出给企业内部的各个层级，将情景案例的输入与输出有机地合成一个闭环，循环往复地为企业提供新鲜的血液，推动着整个企业蓬勃发展。

而对于企业情景案例库的横向层级划分则因企业的不同而大有不同，一般是由企业的一级库确定统一的分类标准，这种标准适用于企业各个层级与部门，便于资源的有效调用，有利于横向对比分析，有利于建立一体化情景案例库的使用平台，有助于情景案例库的系统化与规范化。在企业中，这种划分的重点在于经营管理的主要性质与业务的主要类别，重点关注职能部门在情景案例推广中的作用，既与职能部门、业务品类的划分密切相关，又有一定的区别，具体划分还要结合企业的自身特点与经营管理习性来分析。例如，对于银行来说就可以将其划分为综合管理、公司金融、个人金融、信息科技、风险内控、运营管理与金融机构七大类。如何划分的标准即全面性、综合性、概括性等。

情景案例库共建共享

情景案例库建设是一项复杂的系统工程，涉及范围广、影响因素多、建设时间跨度长。

情景案例库建设需要总公司与子公司联动，各部门联动，各层级联动，会同业务领导和专家，统一建设思路，明确建设步伐，共同建设高水平的企业情景案例库。单位人力资源部门在充分掌握情景案例方法论和基本建设要求的基础上，充分联合负责条线和业务的专家，将情景案例库作为情景案例工作开展的重要阵地和成果舞台，规范过程、潜心投入、以终为始、不辱使命。加快情景案例周期建设，就要在尽可能短的时间展示情景案例的阶段性成果，与情景案例汇编、情景案例教学等形成联动。

情景案例库建设最好由专人负责，或在教育培训相关人员岗位的年度工作计划中加入情景案例库建设的具体内容，让情景案例库建设成为培训人员日常工作的一部分。要发挥委员会的作用，使情景案例库建设成为情景案例领导小组关心的议题，成为情景案例评审小组阶段性的工作内容。最后，要鼓励各部门、各层级尽快启动情景案例库建设工作，坚持快比好重要的原则，支持单位迈出情景案例库建设的第一步，开展情景案例实际工作的人员和组织，在情景案例工作满意度和开展意愿方面都会明显高于尚未启动的相关工作者。

情景案例库建设还要做好情景案例入库管理工作，企业在实践模式上都呈现了共同的特点，即由企业人力资源部牵头，由情景案例亲历者撰写，由情景案例评审委员会或情景案例项目秘书小组进行情景案例初审，由相关条线业务专家进行专业评选，评审通过后进入情景案例库。情景案例领导小组或委员会负责明确情景案例库建设的方向、情景案例选题、情景案例成果应用模式等工作。情景案例入库后要做好情景案例定密定级工作，一星级情景案例获得授权在全辖范围内传播，其他情景案例进行有效管理，在权限范围内进行学习与传播。

情景案例库建设得越好，其带给企业经营管理的益处就越多。情景案例库及相关机制的完善，可以激发员工参与情景案例工作的意愿；企业情景案例方法论对于情景案例体系的完善度具有支撑作用；情景案例库及相关机制有助于员工提升情景案例思维和情景案例开发能力。

在情景案例库建设实践中，主要与三方面的工作紧密相关，可以作为情景案例的主要来源：一是将情景案例征集活动的成果同步纳入情景案例库和情景案例汇编。在启动情景案例年度工作时，都会进行一体化规划，尽可能让情景案例开发的价值最大化。二是以情景案例开发或教学师资训练营为阵地。输出文本情景案例、情景案例微课等成果，在情景案例库中传播。三是条线开展情景案例宣讲活动。例如，在内控、风险、法务等条线应用情景案例模式进行业务宣导时，相关成果会陆续上传到情景案例库平台中。情景案例汇编、情景案例师资训练营和条线情景案例宣讲活动，都会显著增加情景案例库的情景案例数量，并拉升情景案例库情景案例的整体水平。

情景案例库推广应用

关注情景案例典型应用场景，选择与之匹配的应用方式

入库情景案例一般包括以下形式：文本情景案例、PPT 情景案例、图文情景案例、视频情景案例和语音情景案例等。文本情景案例是最常见的情景案例形式，也是转化为其他情景案例呈现形式的原始素材，情景案例初创者往往扎实做好文本情景案例创作后，才开始其他呈现形式的创新。文本情景案例广泛应用于情景案例汇编中，也作为情景案例教学课程的素材。PPT 情景案例是在工作报告的基础上，以情景案例事件主线逐渐展开，融入了情景案例场景的展示，增加了情景案例报告的生动性。PPT 情景案例多用于工作报告和巡讲活动中。图文情景案例，是将情景案例内容用图像化的形式展示出来，从阅读模式切换到视觉模式上，增加了情景案例的生动性和传播力。在文本情景案例的基础上，制作图文脚本，增加人物设计和界面设计，将情景案例的问题、分析、解决思路和总结回顾等四部分结构化呈现出来。图文情景案例多用于在线学习和移动学习活动，更符合青年员工的自主学习，适用于不涉密情景案例的有效传播。图文情景案例增加了制作成本，往往需要额外的制作预算。视频情景案例是将情景案例拍成视频形式，一种是真人演绎的视频，另一种是动画视频情景案例。前者更加实感，但往往篇幅较长，制作中需要投入较多的人力和财力。后者的制作与图文情景案例相似，但

更具动态感，以视频为载体，在相对较短的时间内，传递情景案例和相关知识体系。情景案例视频可同时应用于巡讲活动、培训课堂和自学习平台。语音情景案例，该模式可以考虑到随着得到、喜马拉雅等一系列语音内容平台获得的广泛应用，部分员工已经形成了使用习惯，同时语音情景案例具有形式新颖、制作轻巧、制作成本低等特点，与经营管理情景案例的场景化和悬念感属性十分匹配，可以作为未来情景案例产品开发的创新形式探索。语音情景案例适合中基层员工在碎片化时间里学习应用。

做好情景案例库的基础功能建设

完善情景案例的上载、标签化、检索、推荐、更新等基础功能，确保员工在首次登录情景案例平台时具有较好体验，并产生持续登录的意愿。做好情景案例的动态管理，根据情景案例增量不断更新情景案例分布地图和知识体系，根据用户行为进行有效的推荐与活动，做好情景案例的更新与迭代工作。

实现情景案例库的内外结合

目前，企业的情景案例库多以自身情景案例为主，在各部门的普遍支持和通力协作下，建立情景案例知识产权保护机制和信息安全机制，在企业范围内促进优质情景案例的跨区域交流，促进经验分享，促进情景案例资源一体化建设。除此之外，还应当不断探索企业外的优质情景案例资源，关注热点领域，尝试引入国内外知名商学院情景案例库的头部内容，尝试与喜马拉雅、今日头条等新时代内容服务平台进行合作，获得更多更快的优质情景案例内容。保持内部开发与外部获得并重，为业务提供即时的智力支持与内容素材。

做好情景案例库的内部品牌建设

在情景案例库进入高效运作周期后，借助重要活动和发文等形式，快速拉升情景案例库的使用流量，保持较好的用户体验，激发员工反复登录情景案例库，促进单位间情景案例的交流与传播。

努力探索，力求最大限度发挥情景案例价值

- 培训计划一体化安排。在制订年度培训计划时，要考虑案例工作如何开展，提前规划、提前布局，充分利用培训资源。
- 创新学习模式。采用结构化行动学习、混合式学习等方式，将案例贯穿于学习流程中，帮助学员深刻理解案例价值，指导业务实践。
- 加强在业务部门的应用互动。更大范围地开放案例汇编，使业务部门能够更便捷、更有效地获取相关主题案例，以指导业务实践。要求业务部门提供“衍生案例”，一方面以此切实推进业务部门使用案例的效果，另一方面丰富案例汇编，完善案例库。
- 加强与会议的融合应用。将案例融入工作中，通过学案例、讲案例，指导经营实践，使案例研究真正成为经营管理者的利器。
- 增加案例呈现形式。可以通过呈现及利用形式的不同，最大限度发挥其价值。例如，每天推送一篇文本案例，或将较长时间的视频在不影响完整结构的前提下切分成短视频每天推送，降低员工阅读或浏览的负荷，从而增加汇编案例的普及率。

情景案例科学管理

情景案例工作法的有效开展，不仅需要企业高层的全力支持，还需要企业自上而下的贯彻落实，更重要的是，单位的各种组织保障、机制保障、资源保障也为情景案例工作的深入提供了坚实的保障。

组织保障

从组织保障的角度看，企业上层的支持是引领企业情景案例工作法不断推进的基石。企业的情景案例研究中心应依照企业的实际情况对企业的层级进行划分，从纵向和横向两个维度建立一套成熟的线上线下情景案例库，积累总结情景案例实践经验，凝练出一套属于本企业的独一无二的情景案例开发流程与情景案例开发方法论，培养一支情景案例研究管理团队，不断优化情景案例开发与教学队伍。围绕着企业的情景案例研究中心，自上而下地拓宽情景案例工作法的应用范围，协同企业现有的各部门，组织协调各部门配合情景案例研究中心提出的各项情景案例创作活动，将情景案例创作视为企业的一项基本功做法，在不断积累经验的同时，以标杆情景案例引导各部门优化创作流程，情景案例研究中心对各单位发挥组织引领与支持作用。情景案例研究中心，作为情景案例开发和教学方法论的研究者和转移者，应连续不断地举办情景案例师资训练营，培养情景案例开发、情景案例教学核心力量。同时，情景案例研究中心专家深入各单位，组织调研，提供辅导，切实帮助单位推进情景案例开发及应用。

而总公司的大力支持更是一种有效的教学手段，情景案例能够积累组织智慧，在“情景案例是一种有效的管理方法”的理念的影响下，各单位党委也能够对情景案例工作的推进起到积极的作用。部门领导在各种会议场合、项目落实过程中做出指示，提供支持，也可以在部门层面为情景案例开发工作提供相关的组织保障工作。还可以成立由各职能部门专家出任评委的情景案例审核委员会，确保情景案例的导向准确、内容翔实、观点得当、分析深入，能够代表部门的业务管理水平。

机制保障

保密机制

企业业务在行业内的竞争性决定了情景案例保密的必要性。各部门、层级在情景案例保密方面，也制定相应规定。例如，规定在情景案例编写过程中，涉及客户机密的事项，对客户名称等信息进行模糊处理；情景案例仅在内网平台进行转发转载，杜绝外网传播；印制情景案例汇编教材采用统一编码方式，领用人与编码一一对应，如遇工作交接，教材随之进行交接，并记录在交接登记表上。情景案例上传发布环节要求部门审批。情景案例汇编对部分情景案例进行了脱敏处理，确保了情景案例的传播性，并扎实落实保密制度，对情景案例进行定密管理，例外情景案例不入汇编，只在条线内有限范围内进行传播。

激励机制

为调动情景案例工作人员的积极性，激发其工作热情，各单位通过多种方式，从四个方面进行人员激励。第一是物质奖励。各单位对于情景案例开发及授课人员发放补贴及奖金。第二是与晋升挂钩。发现重点人才，纳入干部储备库，参与情景案例分享表现突出的，可通过情景案例人才选拔机制，经领导考察纳入管理人员队伍。第三是提供优先机会。对于企业评优和培训的机会，可以在同一评分标准中将情景案例编写作为年审考核的加分项。第四是荣誉激励。在情景案例创作中获得先进或优秀，在大会上给予通报和表彰，或在情景案例汇编中增加情景案例作者的署名，在系统内增加个人影响力。

考核机制

企业将情景案例工作纳入绩效考核体系，督促情景案例工作的有效落实。将“智库”项目各项工作的推进完成情况列入各机构人力资源条线考核及各部门学习成长维度考核，或将情景案例汇编的落实列入人力资源部绩效考核，以保障各部门人员对情景案例开发的重视。

资源保障

从资源保障的角度看，将情景案例工作所需的人力资源、财务资源、物理资源全部融合到日常经营管理工作中，是最根本的出路。

- 坚持以情景案例汇编为工作主线，依托情景案例汇编这一直观的呈现形式，带动方法论学习应用和情景案例成果推广。
- 将情景案例模式作为传播业务要求和落实工作任务的工作模式，

在内控、党建等领域实现了工作情景案例化，切实发挥业务价值。

- 通过情景案例巡讲活动，增加了情景案例成果的传播度与覆盖面，调动了内部业务干部深入一线生动讲述情景案例的过程与价值，丰富了情景案例的应用方式。同时，情景案例巡讲工作提出了差异于情景案例课堂教学的能力要求，驱动情景案例宣讲方法论的理论创新。
- 通过创新情景案例汇编的学习模式，借助结构化的学习心得，获得了大量的衍生情景案例，激发了情景案例汇编的应用活力，实现了学习行为与结果的线性化。
- 实现了上下穿透的情景案例应用，通过情景案例运作的组织保障，由主管领导掌舵，中基层干部以巡讲讲师、情景案例创作人员等角色深度参与，面向中基层员工和一线业务单元广泛覆盖，自上而下，层层渗透。
- 善用科技手段，视频情景案例课程成为喜闻乐见的情景案例传播与展示新形式，情景案例库平台、在线教育培训平台和主题公众号整合应用，提高了情景案例的使用效能。

情景案例工作队伍建设

建设一支专业敬业尽职的情景案例工作队伍是实现智慧平台现代化的主要路径。企业应该自上而下建立一整套完备的情景案例工作队伍建设的制度安排。企业高层率先垂范大力倡导情景案例工作，同时，调动企业部门各单位积极响应，充实情景案例工作人员，切实加快情景案例开发与应用的力度，形成了企业上下开发情景案例、应用情景案例的文化氛围。

情景案例研究中心要有计划地组织建设一支覆盖企业各层级的“情景案例研究百人团”队伍，按照 20∶30∶50 的配比组成情景案例运营管理人员、情景案例开发人员和情景案例教学人员的专业人才队伍，使之成为企业情景案例工作推动的核心力量（见图 4-1）。

图 4-1　情景案例研究百人团

发现选拔适合人才

实践表明，在企业部门逐渐建立相对稳定的情景案例工作队伍，必须做好人才发现和选拔工作。最直接有效的办法就是，由企业人力资源部门物色合适人员承担情景案例的运营管理工作，并接受情景案例开发技术和教学技术专项培训后，逐步建设一支情景案例开发、教学和管理的人才队伍。

情景案例工作具有一定的技术难度，在选拔各角色人员时，可以从经验和意愿两个维度来衡量（见图 4-2）。

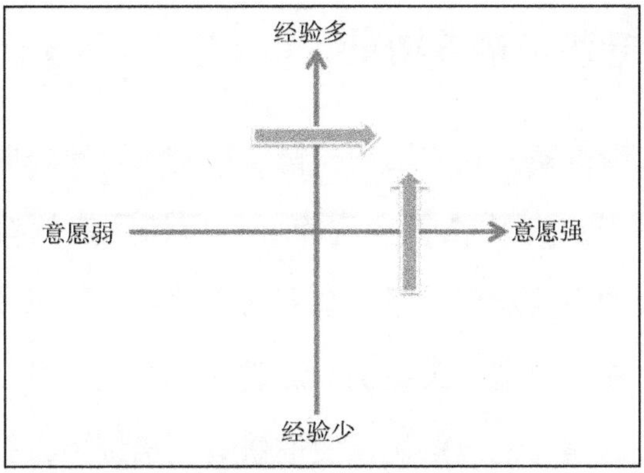

图 4-2　情景案例工作人员选拔矩阵

优先挑选经验多、意愿强的人进入情景案例工作队伍；对于经验多、意愿弱的人员，着力调动其参与意愿；对于经验少、意愿强的人，着力创造实践机会，增加其情景案例工作经验。

为此，情景案例研究中心要明确工作人员准入条件，明文规定情景案例开发和教学人员所需要具备的能力和条件。例如，举办情景案例开发培训班，要求“各单位、各部门推荐，人力资源部负责遴选，推荐的人员应具备较强的任务执行、逻辑分析、文字组织、授课推广等能力，原则上参加过 TTT 培训”等参训条件，确保有效利用培训资源，保证培训产出质量。

在实际工作中，承担情景案例运营管理、情景案例开发、情景案例教学三项具体工作的内容不同，对应的每项工作对人员的知识、技能、态度的要求也会有所不同。因此，在明确各角色所需的核心能力要求的同时，还要制定各角色的选拔标准，打牢情景案例的工作基础。

催化存量升级，培养增量

科学规划“情景案例制作培训—情景案例设计制作收集—优秀情景案例推荐评选—建立工作情景案例库—开展情景案例教学推广—持续完善定期更新”的完整流程，坚持基层与实践导向。情景案例设计要求结合工作实践，提炼典型情景案例，注重从基层及业务一线挖掘情景案例，发动基层员工编写情景案例，使情景案例培训更具针对性和实战意义。

由于情景案例开发和教学是传统内训师不具备的技能，因此各单位普遍加大对情景案例开发人员和情景案例教学人员的培养力度，举办各种情景案例编写、情景案例教学培训班。

在培养方式上，注重形式多样，采用行动式学习、混合式学习等多种形式。例如，举办智库情景案例建设项目情景案例制作培训班，挑选60名优秀内训师集中培训，培训班采用行动学习方式，要求学员提前半个月介入情景案例选题、情景案例草稿、标杆情景案例阅读等准备工作，带着问题和思考来到课堂，让学习过程有的放矢。课堂现场通过听课、练习、讲师辅导等环节，帮助学员掌握情景案例写作手法、情景案例挖掘角度等方法，同时注重培养其情景案例的思维模式，提高情景案例的敏锐度和意识。情景案例教学能力的培养，通过开展教学比赛活动的方式，以试讲、专家现场点评、专家和学员打分等形式促进学员认真学习提升情景案例的教学方法与技巧，加深对情景案例的体验与理解。

在培养结果上，注重实战有效。一方面，参加培训班的人员作为各单位、各条线部门的种子选手，承担起在单位、条线内部转培训的职责，检验实际学习效果。另一方面，参加培训的人员承担在单位内部训讲及传授情景案例课程的职责，通过“教学能手”比赛活动，促进情景案例教学培训效果在实践中的转化。通过提供后续资料辅助手段，帮助学员领会专家点评的精髓，不断提高分析、反思、提炼、讲授、推广的能力。

在不断参与情景案例开发、情景案例教学、情景案例运营传播的过程中，组织的经验和智慧得以有效传播，情景案例工作队伍的能力得到了锻炼和提升，价值也得到了充分体现。

各种主题的情景案例编写、课程设计和讲授，帮助开发人员梳理思路，锻炼了其系统思考能力和综合分析与归纳能力，同时加深了其对业务的理解和认识。业务骨干在开发和讲授情景案例的过程中，掌握了如何将典型事件及自身业务经验沉淀并通过他人易接受的方式进行讲授，有利于优秀业务经验的快速沉淀和传播。管理干部在参与开发和讲授的过程中，培养了对业务经营、团队管理等概念的理解和相应的管理技能，将情景案例思维融入管理工作中，有利于团队建设和业务促进。

智慧源泉

关于工作方法的问题

毛泽东

我们是革命战争的领导者、组织者，我们又是群众生活的领导者、组织者。组织革命战争，改良群众生活，这是我们的两大任务。在这里，工作方法的问题，就严重地摆在我们的面前。我们不但要提出任务，而且要解决完成任务的方法问题。我们的任务是过河，但是没有桥或没有船就不能过。不解决桥或船的问题，过河就是一句空话。不解决方法问题，任务也只是瞎说一顿。不注意扩大红军的领导，不讲究扩大红军的方法，尽管把扩大红军念一千遍，结果还是不能成功。其他如查田工作、经济建设工作、文化教育工作、新区边区的工作，一切工作，如果仅仅提出任务而不注意实行适合的工作方法，不反对官僚主义的工作方法而采取实际的具体的工作方法，不抛弃命令主义的工作方法而采取耐心说服的工作方法，那么，什么任务也是不能实现的。

兴国的同志们创造了第一等的工作，值得我们称赞他们为模范工作者。同样，赣东北的同志们也有很好的创造，他们同样是模范工作者。像兴国和赣东北的同志们，他们把群众生活和革命战争联系起来了，他们把革命的工作方法问题和革命的工作任务问题同时解决了。他们是认真地在那里进行工作，他们是仔细地在那里解决问题，他们在革命面前是真正负起了责任，他们是革命战争的良好组织者和领导者，他们又是群众生活的良好的组织者和领导者。其他，如福建的上杭、长汀、永定等县的一些地方，湘鄂赣边区阳新县的一些地方，以及江西还有许多县的区乡，加上瑞金直属县，那里的同志们都有进步的工作，同样值得我们大家称赞。

一切我们领导的地方，无疑有不少的积极干部，群众中涌现出来的很好的工作同志。这些同志负担着一种责任，就是应该帮助那些工作薄弱的地方，帮助那些还不善于工作的同志做好工作。我们是在伟大的革命的战争面前，我们要冲破敌人的大规模的“围剿”，我们要把革命推广到全国去。全体革命工作人员负担着绝大的责任。大会以后，我们一定要用切实的办法来改善我们的工作，先进的地方应该更加前进，落后的地方应该赶上先进的地方。要造成几千个长冈乡，几十个兴国县。这些就是我们的巩固的阵地。我们占据了这些阵地，我们就能从这些阵地出发去粉碎敌人的“围剿”，去打倒帝国主义和国民党在全国的统治。

典范研究

情景案例在银行

神州远航学院情景案例研究中心运行管理

机制建设

1．设立情景案例研究中心。设立企业经营管理情景案例研究中心，承担与课程体系建设相对应的教学情景案例开发和情景案例库建设工作，统一规划、统一规范、统一行动、分步实施。同时，逐步建立网上情景案例库。

2．建设产学研合作机制。建立企业业务部门、研究部门与智慧学院共同参与的情景案例开发工作小组，聘请外部情景案例开发顾问，有计划有目的地开展情景案例开发工作。

3．建设外部顾问专家智库。邀请一定数量的有情景案例开发经验的外部机构和外部专家顾问，参与我们的情景案例开发活动，并参与情景案例教学。

4．建立情景案例教学合作平台。充分发挥情景案例开发小组和外部顾问专家的作用，为他们提供我院情景案例教学实践的基地。

5．推动情景案例工作的具体措施。一是自上而下推动，通过组织开展情景案例征集评选活动，形成情景案例批量生产机制。二是日常化推动，通过我院发起制定年度情景案例研究开发计划，由情景案例工作小组和外部顾问专家共同合作开发。三是给予专项奖励，对情景案例研究、情景案例开发和情景案例教学中的先进单位和先进个人每年评选，专项奖励。

规范行为

1．明确情景案例开发基本要求。

- 情景案例开发应具备清晰的学习目标及明确的思维框架。情景案例的开发并不是“流水账”似的故事描述。情景案例与故事的区别是，在情景案例背后，有明确的学习目标（通过对情景案例的分析得到的结论或对问题的重新思考）与明确的思维框架。
- 情景案例开发应符合企业的实际环境。量身定制式的情景案例应充分结合企业的管理体制、文化氛围、行为特点来进行编写，以帮助学员准确地与工作中的实际行为进行对应，促进从学习至行为的转变。
- 情景案例开发应对于学习与后续行为产生强烈的启示效果。采用情景案例的目的是深入学习效果。因此，情景案例应该对于学员的实际行为有良好的关联性，并具备强烈的启示效果，激发学员进行自我感悟与行为促进。

2．确定情景案例开发工作内容。

第一阶段：梳理确定情景案例开发大纲。本阶段的工作目标是为情景案例的开发梳理清晰的大纲，并通过贯穿其中的分析工作保障情景案例与主题的对应；将通过讨论共同确定情景案例主题；通过讨论，列举与主题相匹配的行为表现；根据行为表现，在必要的情况下，选择典型对象进行针对性的行为事件访谈，挖掘实际素材。在以上工作的基础上，构架情景案例的剧本骨架，设定场景、人物、故事。

第二阶段：组织写作情景案例及调整改进。本阶段的工作目标是基于第一阶段工作，对情景案例进行具体的开发，并设计应用过程中的引导问题，通过实际的应用测试，进行相应的调整与改进；根据剧本大纲进行情景案例撰写。

第三阶段：应用测试与成果呈现。在情景案例完成的基础上，结合情景案例主题设计相应的引导问题；通过 1~2 次的实际应用测试情景案例的实用性；及时调整与改进测试中的问题。

3．确认情景案例教学工作流程。

按照情景案例课前分析、情景案例课堂讨论和情景案例课后报告三阶段，确定情景案例教学流程，保证情景案例教学质量，强化情景案例分析课程的基础性和重点宣导。

做好规划

1．做好企业情景案例库建设的近期和中长期发展计划。加强情景案例应用价值转化，特别是要在企业大学内不断提升情景案例教学实践的力度、深度和广度，探索情景案例使用规律。

2．教学活动用情景案例，行动学习出情景案例。致力于实现企业经营管理情景案例与培训体系的有机结合，致力于开发区别于商学院教学情景案例的适合金融管理人员培训使用的教学情景案例，致力于改善中国管理情景案例库的不足，尤其是金融管理情景案例严重匮乏的现象。

3．教学情景案例基于企业真实经营管理情景。将智慧开发的情景案例统一定名为“企业经营管理情景案例”，突出强调情景案例开发基于企业经营管理“情景”，凸显企业特性和品牌特色，揭示企业经营管理理念和发展规律，情景案例直接服务于课堂教学活动，服务于中高层管理者的职业素质提升。开发经营管理情景案例反映了广大学员的心声，对增强课堂互动效果，提升教学教研水平具有重要的现实意义。

第 5 章

情景案例工作法

情景复盘

华恕集团有限公司董事长卓忠芳在党校召开的集团发展战略研讨会上，提出“用智慧战略引领未来”，面向集团经营管理情景案例库要答案，建设情景案例指数，运用人工智能技术，把日常工作中每个人运用智慧推动企业发展的贡献程度表达出来，成为正确预测把握经营管理趋势的风向标，成为人工智能驱动领导华恕集团大步迈进企业智慧经营管理的新时代。

《人类简史》作者尤瓦尔·赫拉利TED演讲表达的革命性观点：人工智能技术将是21世纪最伟大的革命，这次革命将在宇宙范围内带来极大影响，权威会从人类身上转移到算法上。人类转向算法，是权威的转移，越来越多的决策会由计算机和大数据算法做出。尤瓦尔·赫拉利表示，“一个拥有足够多的关于我的数据，也有足够算力的算法能理解我的欲望、情绪、想法、决策，能够在很大程度上控制我、操纵我”。人类慢慢会失去自主决策能力。随之而来的是，大多数人手中的经济、政治力量会转移到少数控制并拥有算法、计算机和网络的精英手中。

中国的企业家要引领未来，就必须思想先行，凭胆识领跑，扎牢“人民是历史创造者”的根基，让科技成为人类智慧的采集、积累、再创造的工具，把智能技术牢固掌控在人民手中，为人类造福。

情景案例工作法实践

以情景案例汇编为媒介、以情景案例师资训练营为品牌、以情景案例教学为亮点、以情景案例体系建设为根基，企业积极寻找情景案例与业务的触发点，逐渐将内部情景案例创作的成果，通过各种形式鲜活地展示给需要的各层级员工，以点带面，逐步覆盖，开创以情景案例为特色的教育培训工作蓬勃开展的局面（见图 5-1）。这种将经典情景案例模式与中国企业具体实际相结合，把情景案例研究嵌入企业日常工作的深化过程，就是体现“工作情景案例化、情景案例工作化”的情景案例工作法。

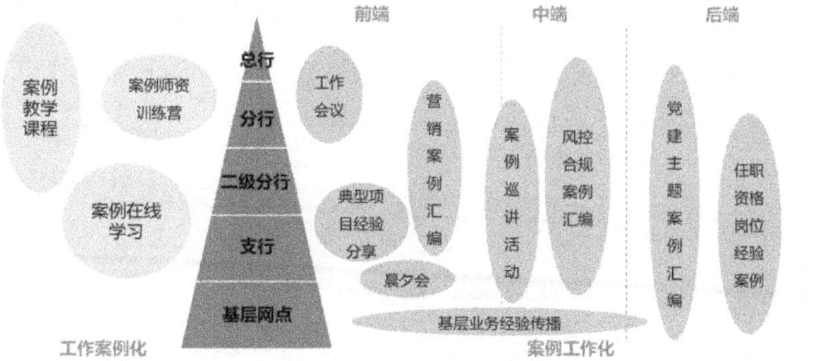

图 5-1 情景案例工作法的应用实践域

基于典范情景案例库和情景案例活动梳理，典型的情景案例法应用的最主要的实践域包括：

经营管理层面的年中和年终经营管理工作会议

在重要的业务办公会议中应用情景案例元素，分享标杆实践，宣贯公司要求，展示基层活力，增强会议的生动性。经营管理工作会议是总分行最为重要的工作会议，主要领导主持和参与，会议影响力大，将有限的时间分配给情景案例展示与研讨，说明高层对情景案例模式的重视和认可。会议中采取情景案例模式，“用士兵教育士兵”，更接地气，鼓舞激励更直接，减少了空洞的宣讲与说教，增加了务实的业务内容，满足了员工的学习和对标诉求，会议基调朴素清新，也是开会模式的一种创新。采取这种模式往往都能取得良好的反响。

职能条线的典型业务项目情景案例展示活动

在面向本条块或全员进行业务宣贯时，总结代表性项目的核心经验，进行垂直传播，实现上下穿透。情景案例为特色的宣导方式，由业务部门主导，党委、营销、风险、内控、法务等部门开展相关工作，在条线内外取得积极反响，甚至成为条块推广工作的主要方式。入选情景案例汇编的经典情景案例更能引起广泛关注和效仿学习。

各层级机构的典型业务情景案例巡讲活动

基于情景案例汇编或其他情景案例成果，开展情景案例宣讲活动，可以在短时间内快速传播情景案例成果，传递业务要求。情景案例巡讲活动普及面高、造势效果好、时效性强，可以取得立竿见影的效果。巡讲活动需要组建宣讲团，会聚业务领导和骨干，积极调动业务人员的积极性，让情景案例推广工作成为全员参与、深入一线的活动。善于策划巡讲活动，在业务一线获得了极高的宣贯覆盖率，在巡讲活动运作方面也积累了丰富的经验。

基层业务经验的复制与传播

通过将情景案例模式植入网点的日常晨夕会议，鼓励大家围绕当天业务主题分享实践情景案例等模式，可有效促进业务经验的复制与传播，甚至可直接提炼出“可复制、可传播”的话术与关键行为，直接对业务的提升起到促进作用。基层员工通过彼此分享情景案例，提炼了大量经典营销话术、营销经验并在内部进行分享交流，直接促进了业绩的显著提升。

推进党建工作的落实开展

在基层调研中发现，情景案例在日常党建过程中也发挥了积极有效的作用。通过“结合情景案例讲党课”等活动，将日常党建工作与经营管理工作相结合。同时，具有故事性的情景案例更容易让大家记住与反思。诸多典型的党建工作都借助了情景案例的力量，有效推进了党建工作的进一步落实。

各层级培训机构举办的各类培训班情景案例教学活动

课堂学习是教育培训工作的主战场，是不可替代的重要组成部分。践行情景案例教学是教育培训方式方法创新和培训效果提升的有效手段，是党校学院和全辖培训部门的共同选择。情景案例教学将情景案例资源中的头部内容甄选出来，通过教学活动设计搬进课堂，取得比传统授课更加生动和高效的效果。另外，情景案例教学的系统性也得到重视，基于任职资格搭建的情景案例教学机制，实现了情景案例教学的全面铺开；在情景案例呈现形式上，视频情景案例、基于情景案例的角色扮演、课程前后的情景案例微课等都和文本情景案例一道出现在课堂上。

内部师资情景案例编写与情景案例教学技能认证培训

总部集团层面的认证培训连续开班，为全辖培养情景案例开发与情景案例教学人员，将情景案例方法论带回到各分支机构，引燃开展情景案例工作的热情。党校学院应以师资情景案例技能认证培训为重器，接受邀请到各分支机构分享相关方法论与实践，积极支持分支机构情景案例工作的开展，帮助越来越多的机构具备了独立开展情景案例工作的能力。另外，培训班让培训人员和业务骨干在同一个频道上共创组织情景案例与经验，创作过程也逐渐成为成长过程。很多参加者反馈在情景案例复盘、经验萃取、教学设计过程中，自身的业务能力也得到了提升。

“上下穿透，左右逢源”。情景案例工作实现了从总部到基层营业机构的垂直落地，实现了平行部门与业务单元的联动，实现了情景案例成果在全业务领域的覆盖。一方面，全辖情景案例工作者通过师资训练营、情景案例教学、在线视频情景案例等形式，将业务活动总结为情景案例，实现了工作情景案例化。另一方面，情景案例运营团队会同前后端业务部门通过情景案例为载体的各类形式开展业务工作，深入一线，业务导向，将情景案例成果应用于业务，实现了情景案例工作化。实践证明，情景案例工作法可以广泛应用于多样化的业务场景，应用于不同条线的实际业务，应用于各层级员工，密连业务，凸显卓越价值，如图 5-2 所示。

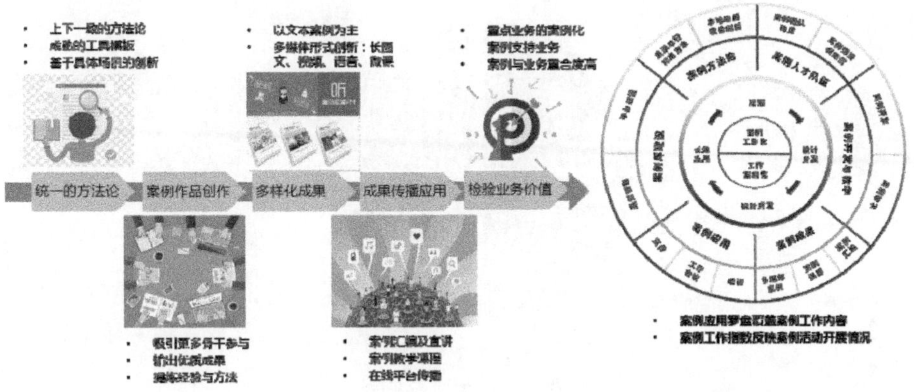

图 5-2 案例工作模式：案例体系建设的一般路径，案例工作成熟度体现在案例指数

情景案例体系平衡性

在情景案例开发和推广工作中，要注意情景案例体系的平衡性。在情景案例开发方面，要注意情景案例的鲜活性和经典性之间的平衡，规范性与时效性之间的平衡；在情景案例教学方面要注意甄选情景案例与情景案例资源之间的平衡，设计感与实用性之间的平衡；在情景案例师资方面，要注意核心人员与全员之间的平衡，内部人员与外部人员之间的平衡；在情景案例管理方面要注意情景案例的分层与整合，平台与网络管理之间的平衡（见图 5-3）。

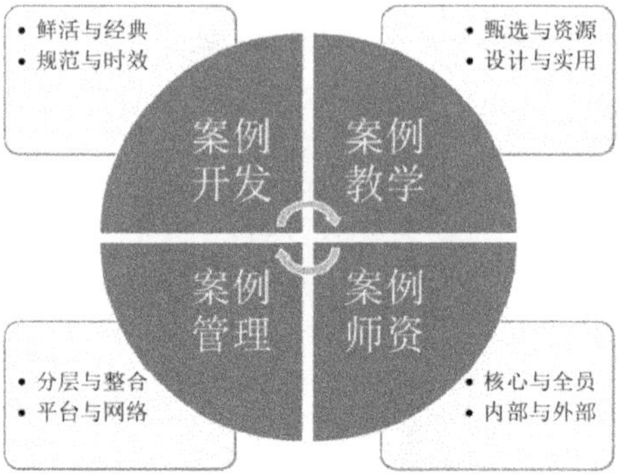

图 5-3　体系平衡性

系统平台思维：全方位立体协同平衡增效

情景案例研究中心、业务部门与人力资源部三者之间协同发挥作用。情景案例研究中心要注重情景案例研究专业技术的转移，业务部门要挖掘典型业务项目的价值，人力资源部要进行情景案例管理的规范化建设。为了能够更好地发挥三者的作用，建立情景案例库是十分必要的。

情景案例库的建设有助于将情景案例写作规范化，使得情景案例工作成为一项日常工作，充分发挥情景案例的价值。通常情况下，情景案例库分为三级，自上而下依次为一级库、二级库、三级库。以金融控股集团为例，由总行建立一级情景案例库，省级分行建立二级情景案例库，各地方分行建立三级情景案例库。一级情景案例库站在总行高度，部署总体战略，负责情景案例管理；二级情景案例库根据一级情景案例库部署战略，进行所属区域情景案例的部署，建立情景案例库；而三级情景案例库负责具体执行，建立情景案例研究中心。

情景案例库是有层级的，情景案例研究中心通常与各个层级一起，努力将三级库进阶到二级库，二级库进阶到一级库。同时要注意情景案例库更新的问题，这方面会受到很多因素的制约。各层级对情景案例的认识不同，导致侧重点不一样，但最终要确保有效地发挥情景案例库的作用。

情景案例推广实施要有明确、具体、现实的推广目标；情景案例价值挖掘必须充分、实用；教学过程有趣味；重视情景案例情景营造，用好各类教学策略；推动情景案例价值的内化转移，促进受众绩效的提升。

赋能与释能：情景案例教学技术的转移与内化

情景案例教学人员分为内部专职师资和业务专家。内部专职师资主要借鉴经典情景案例教学法和建构主义学习理论，深入参与教学过程，以实现情景案例价值的深度挖掘和有效传递。业务专家以问题导向学习教学模式为设计基础，一方面实现教学过程快速聚焦实践问题，另一方面充分凸显业务专家业务精深、经验丰厚的优势。同时，还要注重内部专职师资和业务专家的结合，充分借鉴复盘理论和方法，引入情景案例当事人为学员现身说法，辅助教师通过结构化的情景案例事件复盘为学员丰富情景案例情景、分享经验教训。

在国有企业中，大多数情况下是业务专家独立开展情景案例教学活动。其教学设计思路分为五步进行，如图 5-4 所示。

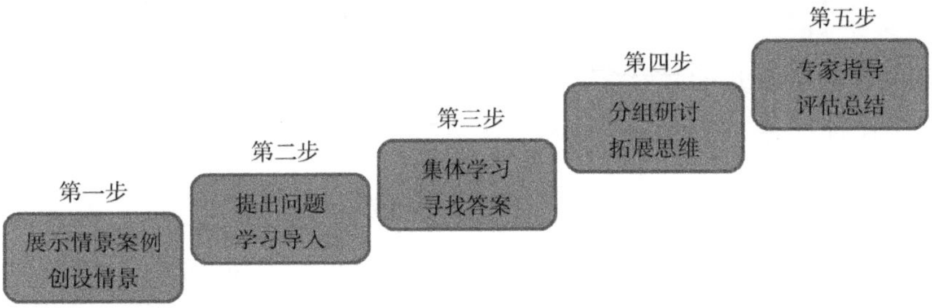

图 5-4 教学设计思路

整个教学过程秉持“先有问题，后有学习”的原则，将业务实践中的问题作为教学的逻辑起点，业务专家通过把握业务的关键事项为学员设计研讨主题。围绕研讨主题，学员将开展以小组讨论为核心的自主学习，业务专家将通过复盘为学员提供情景案例事件信息、创设研讨问题情景，同时在学员展示研讨成果后将通过方案点评和经验总结帮助学员实现内化提升，如图 5-5 所示。

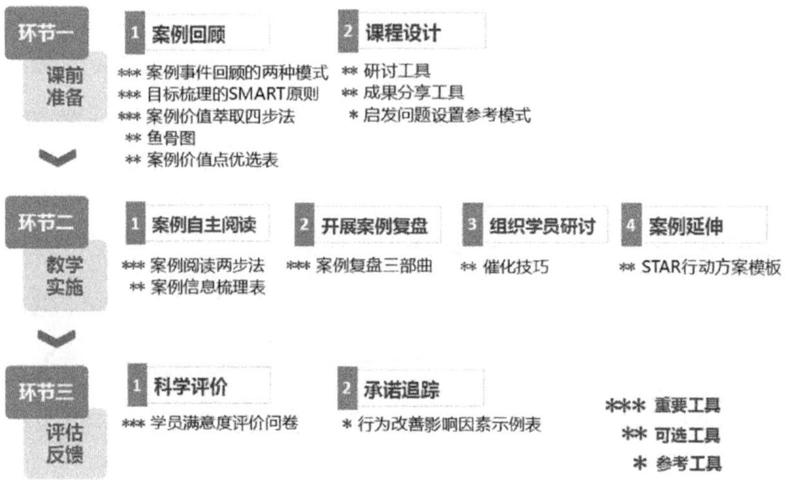

图 5-5 业务专家独立开展案例教学工具集

- 课前准备。业务专家作为情景案例教师（简称主讲人）进行课前准备时，最重要的是秉持系统的观点重新对情景案例事件进行回顾和审视，避免自身受亲历情景案例事件或长期从事某一相关业务所带来的视角的局限性。
- 教学实施。业务专家单独开展的情景案例教学遵循 PBL（Problem-based Learning，问题导向学习）教学模式。在教学过程中，学员将在主讲人的参与与引导下，围绕场景化的、基于实际问题的专题进行研讨和学习主讲人发挥着情景案例复盘和催化剂的作用，通过复盘、引导、激励、总结、升华等方法和手段促进情景案例学习过程，并为学员创建主动、自由、宽松、有序的研讨环境，使学员全情投入经营管理决策情景，有效完成自我知识建构。

- 评估反馈。科学开展教学评估和反馈是实现情景案例教学有效性不可或缺的一步。依据柯氏四级培训评估模式和情景案例教学有效性研究成果，在教学结束后应及时通过评价问卷获取学员对培训课程的满意程度。同时，为了解培训课程对于学员行为的改善和由此带来的绩效变化，培训组织者还应积极对学员课内承诺的行动方案的执行情况进行追踪，并与学员所属单位的人力资源部门进行沟通，以全面、深入获取教学效果反馈，为后续科学评价课程效果、不断完善情景案例课程设计提供有价值的参考。

企业情景案例研究中心借助课题研究，在自上而下规范《业务专家情景案例教学行为指引》《业务专家情景案例教学操作手册》《业务专家情景案例教学指引工具集》的同时，要加强监督检查和后评价系统支撑，才能得以有效落实。

情景案例工作法与科学管理

管理上有科学与不科学之分。18 世纪 60 年代，从英国发起的第一次工业革命是技术发展史上的一次巨大革命，它开创了以机器代替手工劳动的时代，创造了机器工厂的“蒸汽时代”。第二次工业革命，将人类带入分工明确、大批量生产的流水线模式和“电气时代”。1911 年泰勒出版了《科学管理原理》，标志着管理走向科学。技术的不断发展，极大地提高了生产力，但是管理水平未与科学技术同步发展，造成了管理的落后（见图 5-6）。

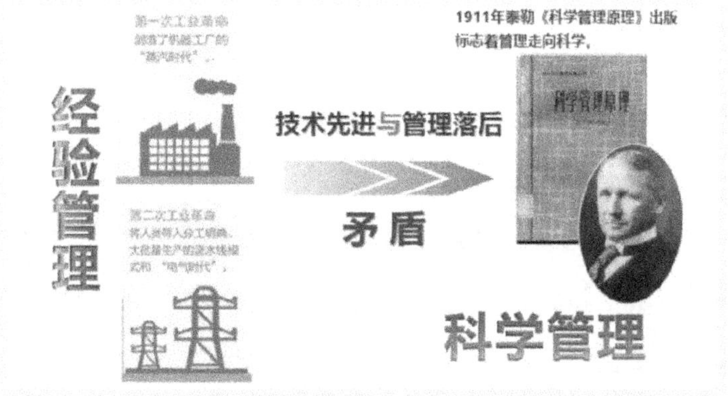

图 5-6　管理的发展

作为一种工作方式，情景案例工作法在日常管理中也会面临是否科学的责难性挑战。那么，怎么做才符合科学管理呢？一是挑选优秀的人才，放到情景案例研究中心主任的位置上，努力做好情景案例开发技术和情景案例推广技术的转移，努力做好情景案例工作法与潜能开发工作。二是制定行为指引，控制行为质量，提升行为科学性。

情景案例教学是情景案例工作法的关键，无论情景案例教学专家讲情景案例、业务专家讲情景案例，还是情景案例教学专家与业务专家共同备课讲情景案例，都要按照《情景案例教学行为指引》来规范讲课行为。通过规范情景案例甄选和情景案例解构两个关键行为，就可以达到科学规划情景案例教学的目的。

情景案例甄选行为指引

在情景案例教学中，情景案例文本是教学内容和教学情景的重要载体，也是保障实现课程价值的关键因素。为保证情景案例的适用性，教师应从多个维度来衡量和选择情景案例，所需考虑的维度主要包括教学目标、学员特点、情景案例难度、情景案例价值等。

【关键动作】

明确教学目标

教学目标是甄选情景案例首要也是最重要的标准。情景案例教学目标应直面学员所需要解决的问题，因此在确立教学目标之前，教师应对需求调研中收集到的问题进行筛选和提炼，确保教学目标的准确性和价值性。

在分析培训需求的过程中，教师可应用三级筛选漏斗工具，先后利用层别法明确需求问题的归类，利用影响域三角判断这类问题能否通过情景案例教学得到解决，并利用主题优选表判断这类问题是否契合了企业的关键绩效问题，是否具备培训价值。通过层层筛选，最终将教学目标明确表述为：

解决（谁/哪个领域），在（何种情景下）的（什么问题）。

明晰学员特点

情景案例的选择也应随学员的不同而有所差异。因此在甄选情景案例的过程中，应明确情景案例的主要应用对象，重点结合其工作领域、职务职级、任职年限和教育背景等信息进行综合考虑，以保障学员能够充分理解情景案例内容，识别情景案例中的基本问题和与之有关的事实，并具备有助于情景案例分析的经验和知识基础。

匹配情景案例难度

一篇情景案例的难度主要体现在三个方面：业务的复杂程度、决策主体的多元化和决策层级的数量。教师可综合考虑教学需求和学员特点，利用情景案例难度三维立体模型，选择难度适宜的情景案例，以保证能够在较短时间内将学员带入情景案例情景、进入管理者角色，并促进学员将所学到的管理智慧和基本方法运用到情景案例讨论中，提升学员的思维能力和决策能力。

判断情景案例价值

在依次满足了教学目标、学员需求和难度要求的基础上，教师应在所匹配的一组情景案例中选择最具有教学价值的情景案例来进行教学。教师可以依照情景案例事件的重要性、典型性、趋势性、可复制性和时效性来判断情景案例的教学价值，并通过主题优选表工具选择当下最能够代表企业核心业务和典型实践以及情景案例经验可复制推广的情景案例进行教学。

提出业务专家需求

结合构筑情景案例情景过程中业务专家所需提供的信息量、学员的职务职级背景、情景案例事件的复杂程度以及与业务专家进行前期沟通的难易程度对业务专家人选情况提出需求，并填写“业务专家人选需求表”提交培训组织方，保证培训组织方能够为课程匹配合适的业务专家。

【支持工具】

三级筛选漏斗

该工具通过三个层级的问题处理和筛选，可最终将培训需求问题转化为可操作的情景案例教学目标。三个层级依次为：

- 判定培训需求问题类别；
- 判断该问题能够通过培训获得解决；
- 判断该问题是否具备培训价值。

在三个层级的问题处理和判断中，还可分别借助层别法、影响域三角和主题优选表等相关工具（见图 5-7）。

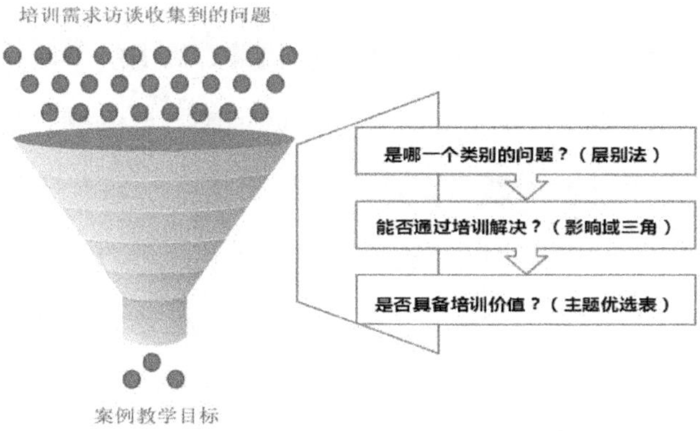

图 5-7　三级筛选漏斗

层别法

该方法是指将培训需求问题按照某种共同的特征进行分类整理，以便后续对相通类别的问题进行统一处理。在对培训需求问题进行分类时，可针对培训问题的关注点（如专业技能、意愿态度等）进行区分，以便后续进行培训影响域的判断（见图 5-8）。

图 5-8　层别法

影响域三角

该方法是用以判断某一需求能否通过培训得以解决。情景案例教学能够有效解决员工在知识、技能和态度方面的培训需求，而难以解决主要由制度、体制、环境等非人为因素影响的培训需求。在影响域三角中，能够为情景案例教学所解决的问题可以划归入“影响域”，而难以解决的则划归入“非影响域”。

如图 5-9 所示，关于员工专业技能和素质能力的问题，可以有效通过情景案例教学得到解决；关于意愿和认识等态度问题，情景案例教学能够对学员产生一定的影响。以上两类问题可以划入情景案例教学的“影响域”，在这一领域的培训需求可以保留。而资源和体系等外在环境属于情景案例教学的“非影响域”，若此领域问题需要通过情景案例教学解决，还需将其进一步分解为人的知识、技能、态度等方面的问题，否则应予以舍弃。

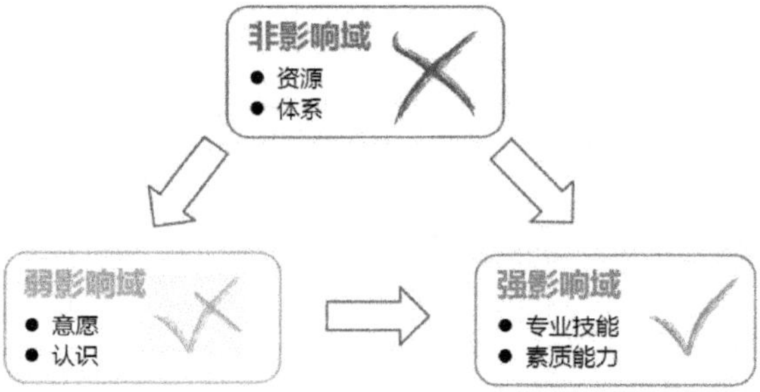

图 5-9　影响域三角

情景案例难度三维立体模型

根据企业情景案例开发与教学实践，一篇情景案例在教学中的难易程度可以采用三个维度来描述和评测，即“业务维度”“决策层级”“决策主体”。每个维度的难度又可以划分为 1、2、3 三个档次，其中 1 表示较易，2 表示适中，3 表示偏难。据此可绘制一个表示情景案例难度的三维立体模型，如图 5-10 所示。情景案例难度应综合考虑教学目标、课时安排和学员背景进行选择（见表 5-1）。

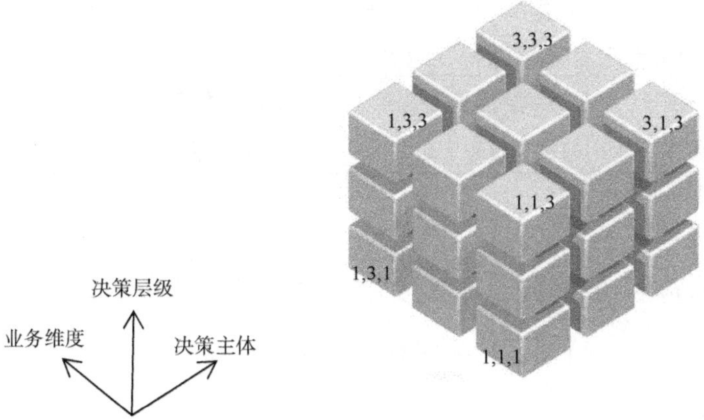

图 5-10　三维立体模型

表 5-1　情景案例难度解析

维度	难　度
业务维度	难度 1：情景案例内容仅涉及单一条线的单一业务
	难度 2：情景案例内容主要针对单一业务条线，但涉及多业务协同。学员在进行情景案例讨论时，需要对业务模块进行简单梳理
	难度 3：情景案例内容针对复杂业务，涉及多个业务条线的多项业务内容。学员需要通过课堂讲解并辅以小组讨论才能够准确把握
决策层级	难度 1：情景案例决策线清晰，仅涉及单一决策层级

续表

维度	难　　度
决策层级	难度 2：情景案例涉及多个决策层级，但决策点明确，决策流程清晰。学员可针对明确的决策问题，在教师的引导下，综合分析情景案例信息列出备选方案并进行优选决策
	难度 3：情景案例内容仅介绍了基本情景，决策层级复杂且决策问题交代不清晰。学员需在教师引导下，首先对情景案例问题进行诊断，再通过研讨分析提出解决方案
决策主体	难度 1：情景案例仅涉及单一而明确的决策主体
	难度 2：情景案例涉及多个决策主体，但每个决策主体职责清晰，决策内容明确
	难度 3：情景案例涉及多个决策主体，决策主体间职责交叉或划分不清晰，决策内容或相关背景信息中包含大量干扰信息或存在重要信息缺失

主题优选表

该方法可利用评分表，针对筛选主题的重要性、典型性、趋势性、复制性和时效性进行评分，并根据综合评分的高低决定是否对主题予以保留（见表 5-2）。

表 5-2　主题优选表示例

	备选主题 1	备选主题 2	备选主题 3
重要性（1~20） 该主题是否契合企业关键领域需求	15	14	18
典型性（1~20） 该主题是否代表企业的普遍实践	17	18	13
趋势性（1~20） 该主题是否符合企业战略/业务发展	13	19	19

续表

	备选主题 1	备选主题 2	备选主题 3
复制性（1~20） 该主题是否能够提供可推广的经验	10	14	18
时效性（1 ~ 20） 该主题是否满足企业当前的需求	19	15	18
综合评估	74	80	86
是否保留			√

业务专家人选需求表示例如表 5-3 所示。

表 5-3 业务专家人选需求表示例

<table>
<tr><td colspan="6">情景案例教学课程基本情况</td></tr>
<tr><td>课程名称</td><td></td><td>教学目标</td><td></td><td>学员对象</td><td></td></tr>
<tr><td colspan="6">拟采用情景案例事件简述：</td></tr>
<tr><td colspan="6">课程复盘情景案例专家需求</td></tr>
<tr><td>业务领域</td><td colspan="2"></td><td>职级</td><td colspan="2">• 技术职称：
• 管理岗位：</td></tr>
<tr><td colspan="3">是否必须为情景案例事件亲历者</td><td colspan="3">□是 □否</td></tr>
<tr><td colspan="3">是否需要具备情景案例教学/情景案例复盘经验</td><td colspan="3">□ 具备丰富培训经验
□ 曾经参与过情景案例交付即可
□ 无须具备相关经验</td></tr>
</table>

情景案例解构行为指引

在情景案例教学中，情景案例事件并不是用来阐明事实或佐证分析的事例。教师需要将关键问题的提炼、核心要点的分析、知识经验的萃取都融入情景案例提供的情景中，基于情景案例内容实现教学目标的交付。因此在选定情景案例后，教师需要以教学目标为导向，对情景案例内容进行解构分析，把握情景案例事件的关键事项和核心价值，并以此为基础形成教学思路。

【关键动作】

采集情景案例信息

完整准确采集情景案例信息是有效解构情景案例的基础，教师可在课前依照情景案例事件的背景（Situation）、问题（Problem）、选择（Option）、结果（Result）和思考（Think）五项内容整理形成SPORT情景案例信息采集表。在信息采集的过程中，应充分参考情景案例的内容摘要、关键词等内容，以验证信息采集的准确性和完整性。

把握关键行为事项

实现教学目标是情景案例解构的出发点和落脚点。在掌握情景案例信息的基础上，教师应围绕教学目标，运用鱼骨图工具对情景案例事件中的关键事项进行梳理，重点把握关键事项与教学目标之间的逻辑关联，形成情景案例分析框架。依照教学目标的不同，情景案例的关键事项可以是关键问题产生的要因、解决问题对策或与教学目标有逻辑关联的其他重要事项。在熟悉和理解情景案例文本中对关键事项描述的基础上，教师还应对超出情景案例情节的相关情形进行了解，掌握更多关键事项的背景情况和事实数据，加深对关键事项的理解和认识。

萃取情景案例知识

在把握关键事项的基础上，教师需要对蕴藏于事项情节中的隐性知识点进行显性化还原，形成情景案例知识框架，以进一步分析和筛选课程所需交付的情景案例知识。对情景案例知识的萃取可遵循以下四个步骤：

- 聚焦共性事件。基于企业对相关业务的普遍实践和管理经验，教师可通过横向比较，选择情景案例中的共性事件进行聚焦，把握情景案例知识的萃取点。
- 寻找差异做法。在情景案例萃取点中进一步发掘情景案例事件中的做法与普遍事件之间在行事标准、应对措施、工作技巧和思想态度等方面的不同，明确差异点。
- 挖掘现象本质。剔除差异做法中的特殊情况和偶发因素，形成对情景案例事件做法的一般性描述，并提出其中的行为规范和借鉴思考。
- 凝练经验知识。通过匹配企业的战略和文化，选择其中具有借鉴、推广价值的内容并进一步按照知识（Knowledge）、技能（Skill）和态度（Attitude）三大模块（KSA）进行总结凝练，形成可以在企业内部持续复制推广的知识。

制定教学思路

在通过把握关键事项和萃取情景案例价值来明确情景案例事件的逻辑架构和核心价值的基础上，教师需要进一步围绕教学目标，梳理引导学员开展情景案例分析的逻辑框架，明确情景案例交付的重点内容，形成情景案例教学的完整思路。

根据教学目标和情景案例内容的不同，情景案例教学一般可以依照以下三种方式设置教学思路：

- 按流程顺序。主要应用于业务描述型情景案例，教师可依照业务流程规范依序引入情景案例内容，并可通过分析阐释流程步骤之间的主次关系和相互联系，使学员强化理解、加深认识。

- 按系统关系。主要应用于全景式描述型情景案例，此类情景案例中多包含企业发展历程、重大变革实施、复杂业务实践等内容，情景案例信息相互影响、关系复杂。对于此类情景案例，教学思路应沿着以教学目标为导向建立的分析逻辑主线展开，分析情景案例关键事项时应秉持系统的观点，重点明确关键事项与分析逻辑主线之间的关系和关键事项之间的相互联系，促使学员深入挖掘相关事项的行为动机和问题本质，进一步加深对情景案例事件的理解。
- 按决策行为。主要应用于决策型情景案例，教师可以决策目标为导向，通过"决策树"等规范化、程序化的模型工具梳理情景案例中涉及的决策相关信息。对于此类情景案例，教学思路可依照模型中的决策节点和机会节点顺次展开，引导学员建立决策备选方案，并重点针对方案的可行性和优选性进行分析讨论。

设置启发思考题

启发思考题是情景案例教学思路的载体，体现了教师在解构情景案例过程中对情景案例框架的把握和对情景案例价值的理解。通过合理设置和排列启发思考题，教师可将较为清晰的教学思路传达给学员，并引导学员有效开展情景案例准备与情景案例分析。

在设置启发思考题的过程中，教师应注意问题的针对性和问题之间的逻辑关系，避免将问题提得过于宽泛或跳跃性过大。问题排列上应遵循由浅入深、层层推进的原则，配合情景案例"发散—收敛—演绎"的教学逻辑。提问方式上可采用情景式设问或启发式提问，引导学员思考。

启发思考题的设置可具体参考表 5-4 所示的模式。

表 5-4 启发思考题设置参考模式

教学阶段	启发思考题类型	示 例
发散阶段	以旨在明确情景案例内容的信息型问题、明确具体做法的流程型和行动型问题为主	• 情景案例企业是在什么情况下开展组织变革的？ • 情景案例企业的转型升级经历了哪些环节？
收敛阶段	以引导学员深入分析并进行归纳总结的分析型和抽象型问题为主	• 业务实施中最大的挑战是什么？为什么？ • 从情景案例企业的经验中你能得到哪些启示？
演绎阶段	以启发学员进行情景代入、进行类比反思的假设型问题为主	• 如果你是领导班子成员，你认为该如何应对？ • 在实际业务操作中你是否也遇到过类似的问题？你是如何应对的？

【支持工具】

SPORT 情景案例信息采集表

SPORT 情景案例信息采集表是帮助教师明确情景案例事件、熟悉情景案例内容的辅助工具，该表包含情景案例事件的背景（Situation）、问题（Problem）、选择（Option）、结果（Result）和思考（Think）五项内容（见表 5-5）。在对不熟悉的情景案例进行教学准备时，教师应首先细致完整地填写此表，为后续解析情景案例奠定坚实的基础。

表 5-5 SPORT 情景案例信息采集表示例

要　素	相关信息 （相关内容可对照参考情景案例的内容摘要、关键词等内容）
背　景	记录情景案例发生的时间、地点、人物、时间及原因等
问　题	记录情景案例事件的关键冲突、主要挑战、完成难度等
选　择	记录情景案例事件的处理方式、具体做法等
结　果	记录情景案例事件的处理结果、阶段性成果等
思　考	记录情景案例事件的价值点、可反思借鉴之处等

鱼骨图

在对情景案例关键事项进行准备时，可运用鱼骨图工具对相关事项进行梳理，明晰关键事项与教学目标之间的逻辑关系，以辅助形成情景案例分析框架。

鱼骨图是一种透过现象看本质的分析方法。利用鱼骨图，可透过情景案例情节深入挖掘情景案例关键事项之间的相互关关系，将情景案例事件的逻辑关系梳理清晰。根据情景案例具体内容，可采用以下三类鱼骨图：

- 整理问题型鱼骨图。主要用于复杂情景案例问题的分析，关键事项与教学目标之间不存在因果关系，而是结构关系，利用鱼骨图可对情景案例进行结构化整理。
- 原因型鱼骨图。用以建立情景案例问题发生原因的分析框架图（见图 5-11）。
- 对策型鱼骨图。用以建立情景案例问题解决方案的分析框架图（见图 5-12）。

在操作中，可在“鱼头”处标记待解决或待解释的问题，在“鱼骨刺”上列出问题可能的原因、解决方案或与鱼头问题有重要逻辑关联的事项。鱼骨图的每个大要素应与下面的中、小要素之间形成层层递进、逐步深入的关系，形成相对细致、完整的逻辑框架。

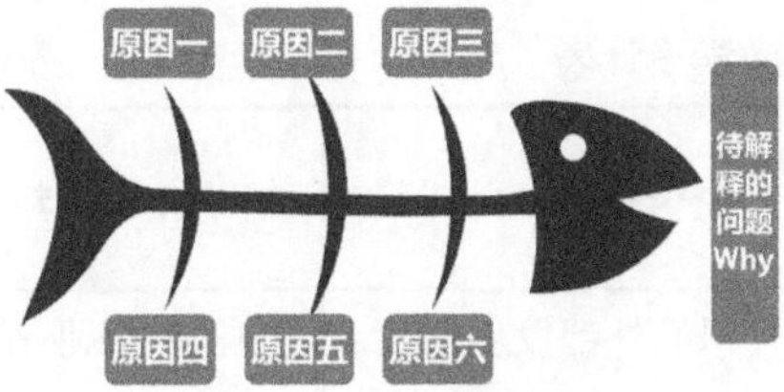

图 5-11 原因型鱼骨图

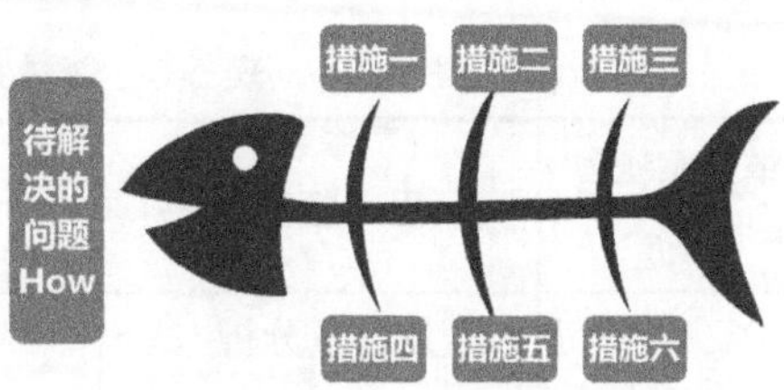

图 5-12 对策型鱼骨图

决策树

决策树工具是用以梳理每个决策或事件可能引出的多种情况。该工具由方块节点、圆形节点、方案枝、概率枝等组成，分别代表决策节点、状态节点、方案内容及出现不同结果状态的概率。这样树形图由左向右、由简到繁展开，组成一个树状网络图（见图 5-13）。利用决策树工具可以在给定的情景案例情景下，通过顺次对决策要素和不确定因素进行分析，研讨可行方案，并通过对备选方案的优劣判断进行决策。

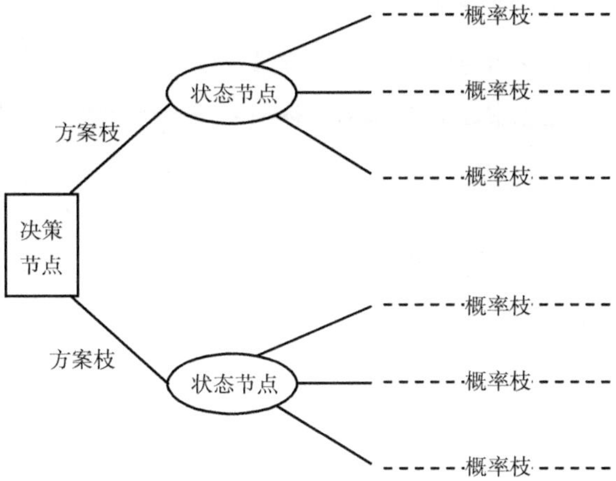

图 5-13 决策树工具

【输出成果】

情景案例教学设计表如表 5-6 所示。

表 5-6 情景案例教学设计表

情景案例思考题	思考题简析	交付要点	辅助教学材料
1. N 公司遇到经营难题的原因是什么?	帮助学员分析 N 公司存在的外部环境、内部体制问题，明确改革的必要性	1. N 公司的外部发展环境 2. N 公司的行业现状 3. N 公司经营业务存在的主要问题 4. 主动变革与被动变革	国有企业改革和N公司近年来进行业务发展、改革历程的介绍短片
2. N 公司经营层为什么与 L 总的改革思路意见不一?	明确改革过程需要群体参与，而不仅仅是个人领导行为	1. 引导学员分析公司主要领导的经历和领导力特点 2. 区分领导能力与管理能力 3. 领导者与管理者的特质 4. 明确公司改革阻力的特征和来源	N 公司领导者与管理者访谈材料摘录
3. 如果你是L总，你会妥协吗？你将如何推进改革?	理顺公司改革的逻辑，明确企业改革要始终以市场为导向，在改革过程中抓准切入点。还要明确改革的困难和潜在的风险，提升学员在改革过程中的风险意识	1. 分析改革的风险 2. 勒温变革三阶段模型 3. 明确改革中的经营目标和管理目标 4. 改革的市场导向 5. 找到改革的关键切入点	N 公司领导者与管理者访谈相关访谈视频节选/访谈材料摘录

情景案例工作法与潜能开发

彼得·德鲁克说，管理是一门真正的博雅艺术。然而，德鲁克心中的管理，可能与很多人所理解的大不相同，学习德鲁克，最重要的就是理解其背后的原理。只有这样，才能不浪费那些深藏心底的宝贵善意和与生俱来的创造力。一名情景案例管理人员，要懂得如何利用制度、流程的安排来体现科学管理，需要有激情的人在情景案例工作上发力。

具有什么样品质的人才能将情景案例做好？组织当中如何快速发现适合情景案例开发的人？组织中应有一个自我发现机制，寻找能够帮助组织实现情景案例开发、使用和管理的优秀人才。情景案例开发者要有良好的写作功底、能够呈现情景案例、善于沟通等潜质；情景案例使用者要明白情景案例如何用，如何与工作场景有效对接，要将情景案例与工作进行完美匹配，将情景案例发挥更大的效率，同时要有激情、创新、再造的能力；情景案例管理者要在两者之间搭建协同机制，让两者快速实现对接。这三种优秀人才选拔的标准，要根据企业实际情况制定符合本企业的标准。

优秀的组织应该建立情景案例工作者胜任力模型，来选择合适的人员，使得情景案例工作法在组织中发挥更大效益，激发人和组织的潜能。

采用内部师资与业务专家合作开展的情景案例教学，充分借鉴了复盘的理论和方法，引入情景案例事件相关当事人为学员“现身说法”。在情景案例教学流程的不同环节中，业务专家将交互扮演“信息提供者”

“价值贡献者”“承诺指导师”等角色，形成针对不同互动对象的角色循环（见图 5-14）。依照教学需要，业务专家将通过结构化的情景案例事件复盘为学员丰富情景案例情景、分享经验教训，使学员能够在充分理解情景案例实践的基础上进行内化反思，同时有助于教师对情景案例中有价值的经验点进行萃取和凝练，为教学起到画龙点睛的效果。

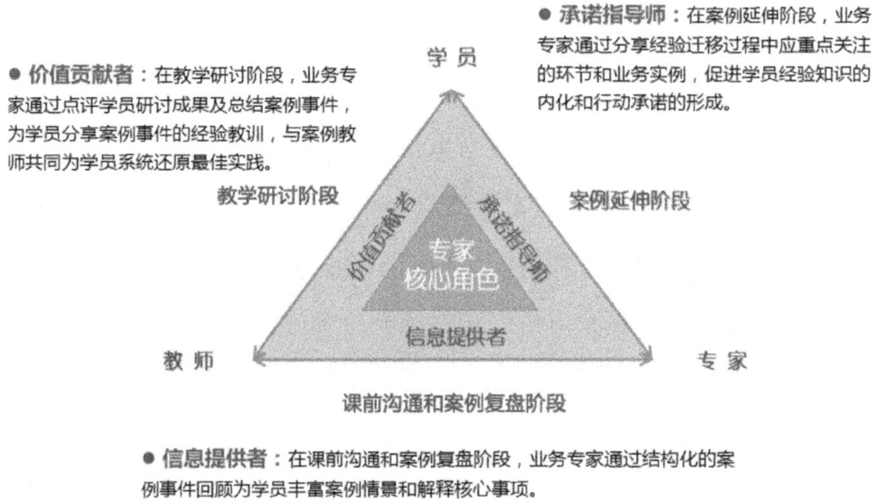

图 5-14 角色循环

提问技术

情景案例教师在课堂上为促进研讨并深入剖析情景案例，必须进行一系列提问。

按照提问在情景案例教学中的不同功能，可分为流程型问题、分析型问题、知识型问题和陈述型问题。

- 流程型问题。一般性讨论问题，是推进研讨的连接性或过渡性问题，根据场景需要随时提问。例如："请你简短地总结下刚才所说的观点，好吗？"

- 分析型问题。覆盖情景案例教学设计，需学员深入分析的各方面内容。例如："这项决策的风险在哪里？""财务报表披露了什么内容？"
- 知识型问题。与情景案例内含的管理知识、分析工具有关。例如："如果产品价格为 8.5 元，你认为盈亏平衡点应为多少。"
- 陈述型问题。与存在何种信息、在哪里获取这些信息有关。例如："案例中哪个地方是支持你观点的？"

按照提问的出发点、侧重点和考察点不同，可考虑设置以下十种不同类型的问题：

- 开放型问题。情景案例教师不向学员提供任何具体问题回应的方向，或可能的答案的选择，而是让学员根据自己的想法对问题做出回答。
- 诊断型问题。情景案例教师给予学员问题回应的方向，学员给予比较性、选择性的回答或询问发生的原因。
- 信息型问题。情景案例教师询问学员与情景案例中提及的信息相关的问题。
- 挑战型问题。情景案例教师请学员评断情景案例发生的事件是否妥当。
- 行动型问题。情景案例教师请学员提出具体做法。
- 顺序型问题。情景案例教师请学员排出行动的优先级。
- 预测型问题。情景案例教师请学员提出情景案例可能的发展。

- 扩张型问题。情景案例教师请学员思考在其他情景下可能产生的结果。
- 抽象型问题。情景案例教师请学员将情景案例的解决方案抽象化为实务经验、管理知识、业务技能或思维工具等。
- 假设型问题。情景案例教师请学员假设自己为情景案例中的角色，说明自己可能的做法。

提问的逻辑应是由浅入深的，通过层层递进式的问题讨论，使学员逐步进入情景案例情景，深入思考情景案例的关键决策问题。

催化技巧

倾听

- 倾听是全神贯注地去理解学员的发言，不只理解语言信息，还要理解非语言信息，不仅理解表面含义，还会听弦外之音。
- 倾听是情景案例教师理解研讨进程的重要手段，只有正确理解研讨进程，才能把握并控制研讨方向。
- 倾听的重点：深层次倾听；理解而不是判断；目光交流；表现出兴趣；关注对方的非语言信息；适时进行正确的引导；留下讨论的时间。

保持中立

- 情景案例教师应对研讨内容保持中立，重在引导和启发。
- 不能向学员强加自己的观点，也不能代替学员做出决策。

解释澄清

- 情景案例教师在研讨过程中要不断解释澄清。
- 解释可以是情景案例教师重述小组成员的发言以表示其发言已被理解，也可以要求小组成员重复自己的发言以澄清要点。

具体如图 5-15 所示。

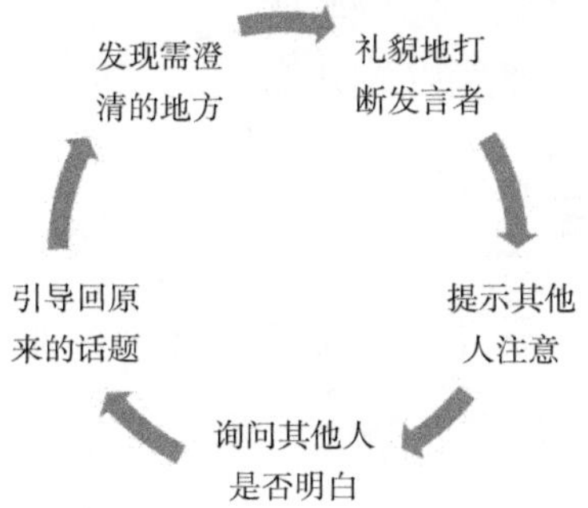

图 5-15　倾听、保持中立和解释澄清技巧

验证假设

学员不同的立场或观点往往是基于不同的假设的，深入挖掘立场或背后的假设，有利于加深对研讨内容的理解和把控。

- 悬挂假设：你为什么这么说？这个观点背后的基础是什么？
- 质疑假设：情况一定是这样的吗？是否还有其他的可能性？
- 分享假设：其他学员是如何看待这个问题的？是否还有其他看法？
- 重塑假设：听了大家的分享后，你有什么想法？

收集观点

情景案例教师跟踪研讨过程中出现的观点和决策，记录在白板上，向学员展示。

- 记录要简单、清晰。
- 尽量使用学员自己的语言进行记录。
- 如果要变换说法，需征询学员的意见。
- 必要时放慢研讨速度以确认学员的观点。

学员个人承诺追踪

情景案例教学的终极目的是要使学员学以致用，将在学习过程中锻炼出的发现问题、分析问题和解决问题的能力应用到训后工作中，因此追踪课堂承诺、评估训后行为改善对实现情景案例教学目标有着十分重要的意义。学员在课堂上进行的个人承诺，不仅是学员进一步明确训后实现行为改善的关键内容，而且为训后的行为改善提供了良好的心理契约基础。但并非每门情景案例教学课程都能如期带来学员行为绩效的改变，在实际工作中，培训组织方可以选取比较重要的 1~2 门情景案例课程，采用一对一学员回访和学员岗位相关人员（如同事、直接领导、人力资源部相关人员、客户等）焦点小组访谈的形式开展承诺追踪。

STAR 行动方案模板如表 5-7 所示。

表 5-7　STAR 行动方案模板

	实务经验	管理知识	业务技能	思维工具	其　他
S（背景）	• 工作场景 • 外部环境				

续表

	实务经验	管理知识	业务技能	思维工具	其　他
T（任务）	• 目标或任务 • 挑战与难点				
A（行动）	• 行动流程 • 方法工具				
R（结果）	• 预期成果 • 后续影响				

在追踪过程中，应重点关注两点：学员践行行为改善的进展情况；若进展情况不符合预期，主要影响因素是什么。在整理追踪信息时，应区分培训影响因素和环境影响因素（见表 5-8）并进行分析。对于可以通过培训改善的内容，继续反馈给情景案例教师，以持续对情景案例课程进行完善。而对于培训无法直接影响的其他环境因素，则可将分析结果报送给人力资源部等相关部门，共同寻求行为改善的驱动因素，以改善学员行为承诺的实现环境。

表 5-8　行为改善影响因素示例表

培训影响因素	环境影响因素
仍然缺乏相关技能	不明确对自身行为改变带来的绩效期望
没有信心持续进行行为改善	缺乏支持行为改善的资源
感觉自己有更重要的工作需要完成	上司并不鼓励进行行为调整
习惯了目前的工作方式，不想改变	即便行为有改善，也无人关注
感觉不改变工作方式也无所谓	即便行为有改善，也没有带来期望的结果

情景案例研究模式创新

获得商业价值是企业追求的目标，也是情景案例教学法的努力方向。中国企业应用情景案例教学法，将企业最具代表性的事件编织成情景案例，传播最佳经验或发挥警示作用。情景案例区别于传统课程对知识体系的罗列，成为业务活动的载体，将培训手段与业务紧密衔接起来。随着企业教育培训工作的深入开展，特别是情景案例工作方法的普及，情景案例特色的教育培训活动始终致力于服务业务，创造业务价值。

情景案例在提高个人能力、支持业务、促进知识管理三方面发挥了作用。情景案例工作方法的理念深入人心，情景案例研究、情景案例应用可以成为员工日常工作的重要组成部分；情景案例来源于业务问题，启发学员迁移思考自身业务问题的解决，具有较好实用性；情景案例既能够将公司的经营管理思想有效地传递到基层，又能够促进各单位之间的业务交流，以案为媒，实现了“上下穿透、左右逢源”；情景案例赋予教育培训新闻属性，实现了业务热点事件在企业内的快速传播，与传统培训的经典知识更新慢的特点完全不同；情景案例实现了组织内部知识挖掘、萃取、结构化、传播的全链条拉通，将知识管理的实现路径显性化、程式化；情景案例应用在教育培训工程中，可以增加员工业务中的间接经验，这是其他培训方式较难做到的。

到底哪些要素支撑了情景案例创造价值的结论呢？在情景案例开发、情景案例教学、情景案例运营三个维度中，情景案例开发没有直接产生作用，而情景案例教学和情景案例运营则直接产生了作用，情景案例教学的作用略高于情景案例运营。而三者存在高相关度，说明情景案例开发是通过情景案例教学和情景案例运营发挥价值的。情景案例创作过程本身不创造价值，原因是这些工作都在幕后完成，情景案例用户（员工）感受不到。只有当情景案例通过教学、巡讲等形式展示出来后，情景案例用户才能够获得感知，对情景案例价值产生共鸣。情景案例停留在文本、汇编阶段，传播度有限，创造的价值有限，如果转换为喜闻乐见、直观的交互活动上，将取得明显的效果。未来的工作重点之一就是将情景案例开发成果转换到用户界面上，可以考虑激发现有情景案例活力，将情景案例素材搬进课堂，或组织有影响力的情景案例分享与巡讲活动。另外，情景案例教学的影响程度略高于情景案例运营，说明显性化的活动的影响力要好于情景案例体系的建设，情景案例体系建设发挥基础性作用，而教学活动则更容易成为工作亮点。情景案例价值统计分析如表 5-9 所示。

表 5-9 情景案例价值统计分析

<table>
<tr><th>题 目</th><th>均值</th><th>类 别</th><th>因素均值</th></tr>
<tr><td>1. 开发情景案例或运用情景案例教学有助于丰富员工的业务经验</td><td>4.19</td><td rowspan="2">情景案例能够提高个人能力</td><td rowspan="2">4.20</td></tr>
<tr><td>2. 学习或运用情景案例有助于员工提升工作能力</td><td>4.21</td></tr>
</table>

续表

题　　目	均值	类　　别	因素均值
3. 借鉴情景案例有助于解决实际的业务问题	4.21	情景案例能够支持业务	4.20
4. 合理使用情景案例研究方法应该成为员工日常工作的一部分	4.18		
5. 情景案例培训、推广和应用促进了各单位之间的业务交流	4.19	情景案例能够促进知识管理	
6. 情景案例能够有效地挖掘、汇聚、传播公司各层级的工作经验和智慧	4.24		
7. 公司的经营管理思想能够通过情景案例途径有效地传递到基层	4.15		
8. 公司内部发生的重大业务事件能够迅速及时有效地通过情景案例在内部进行传播	4.18		

情景案例教学是将文本情景案例传播演绎的重要手段，是增强情景案例工作活性的驱动力量，也是情景案例资源与教育培训工作衔接的最佳方式。

情景案例创造价值显著影响情景案例使用的意愿与忠诚度，带动整个情景案例工作的开展进入良性循环。具体影响包括：愿意参加总部企业大学组织的各种情景案例相关培训，愿意向其他人推荐总部组织的情景案例相关培训，希望各单位也能组织情景案例的相关培训，推动情景案例方法在各种应用场景下的合理应用，愿意在合适的时机组织业务部门开发业务情景案例，愿意在单位积极推进情景案例工作化、工作情景案例化。从另一个侧面看，情景案例工作需要做好最初的导入和试点工作，体现出令人信服的价值，这才为后续争取更多的机会。连续开展情景案例工作的单位，都在第一次开展情景案例工作时，借助情景案例汇编、情景案例巡讲、情景案例智库等，取得了广泛关注和良好反响，形成了情景案例使用热情，打开了工作情景案例化的局面。情景案例创造价值相关性分析如表 5-10 所示。

表 5-10 情景案例创造价值相关性分析

项　目	情景案例提高个人能力	情景案例支持促进业务	情景案例促进知识沉淀
情景案例培训有效性	0.625**	0.585**	0.619**
情景案例导师水平	0.650**	0.583**	0.637**
我会情景案例开发	0.483**	0.455**	0.494**
情景案例方法论有效性	0.568**	0.531**	0.564**
我有情景案例思维	0.553**	.519**	0.573**
我会情景案例教学	0.511**	0.463**	0.524**
情景案例教学效果好	0.677**	0.622**	0.681**
分行情景案例体系完善	0.568**	0.536**	0.581**
基层参加情景案例工作积极性	0.576**	0.546**	0.595**
情景案例提高个人能力	1	0.911**	0.918**
情景案例支持促进业务	0.911**	1	0.886**
情景案例促进知识沉淀	0.918**	0.886**	1
我有参加培训的意愿	0.676**	0.639**	0.705**
我有运用情景案例的意愿	0.704**	0.678**	0.762**

**表示有效性分析在 0.01 水平上（双侧）显著相关。

从事情景案例相关工作的员工，即使自身或团队情景案例教学技能不强，即使单位情景案例体系不够完善，依然会着力开展情景案例相关工作。而真正影响情景案例使用意愿的要素包括以下三个：组织层面，促进知识沉淀；培训层面，情景案例使用效果好；个人层面，我有情景案例思维。其中，促进知识沉淀的影响比重最大，远高于其他两项。这说明情景案例工作者认识到情景案例最大的价值是组织知识管理，最愿意为这个目标持续发力开展情景案例工作，战略、组织层面的情景案例影响力大、波及面高、受众层面高、各级领导重视，也是公司最宝贵的经验资源的载体，需要投入力量确保工作质量。情景案例使用效果好是最直观的效果体现，通过情景案例汇编、巡讲、培训、在线传播等方式，实现教育培训创新，取得更好的培训效果，这是教育培训工作者立足自身岗位的核心工作内容，也是众多内训师的职责所在。从个人层面看，具有情景案例思维相比于相关技能，更容易产生使用情景案例的意愿，一是情景案例开发、教学等技能的提升需要漫长的积累，而情景案例工作开展的迫切性要求我们不等不靠，尽快启动；二是作为情景案例工作责任人和落实者，只要建立了情景案例思维，了解了情景案例方法与资源，就可以开展情景案例工作。情景案例思维是指工作中能够以情景案例方法论为指导去发现情景案例题材、应用情景案例模式、分析业务问题、获得商业价值的思维，通俗地讲，就是“在位做事、越位思考”的能力。单位持续有效开展工作的前提是，帮助分管领导和单位一把手建立情景案例思维，根据单位相关经验，单位领导支持、人力资源部牵头、业务部门响应，上下同欲，情景案例工作都取得了积极进展和丰硕成果。情景案例运用意愿要素分析如图 5-16 所示。

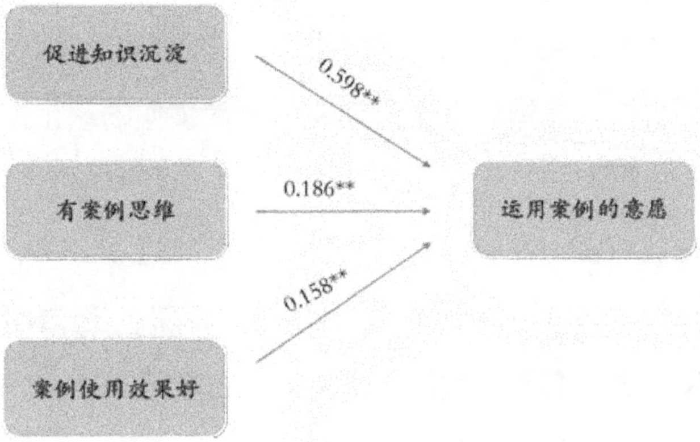

**表示有效性分析在 0.01 水平上（双侧）显著相关。

图 5-16　情景案例运用意愿要素分析

以师资训练营为起点，以持续运营情景案例意愿为闭环，情景案例价值创造的动因机制逐渐清晰：单位情景案例运营人员、内训师队伍、情景案例开发人员以提升情景案例教学水平和课程满意度为出发点，参加总行或单位开展的情景案例师资集训营，以情景案例教学和情景案例运营等活动创造价值，提升个人能力、支持业务发展、促进知识沉淀与传播，这些效果又激发了情景案例学习与使用意愿，其中知识管理价值又与情景案例使用效果、情景案例思维共同激发运用情景案例的意愿，带动情景案例工作开展。该动因机制给我们的启示包括：一是自上而下地全面构建情景案例思维，获得各级干部和员工对情景案例工作的支持与信心；二是珍惜首批情景案例活动的机会，力求效果最大化，为后续持续开展情景案例工作创造条件；三是重视情景案例教学、巡讲等亮点活动，将情景案例开发的优秀成果尽快转化为情景案例用户可以感知到的活动；四是做好情景案例在组织知识管理工作中的应用，将情景案例的生产与发酵过程适配于知识的获取与共享过程。

企业的情景案例实践，是经典情景案例模式与中国企业具体实际有效对接的有益尝试，是情景案例研究嵌入日常工作的深化过程，是工作情景案例化、情景案例工作化的鲜活证明。以情景案例汇编为媒介、以情景案例师资训练营为品牌、以情景案例教学为亮点、以情景案例体系建设为根基，要积极寻找情景案例与业务的触发点，逐渐将内部情景案例创作的成果，通过各种形式展示给需要的各层级员工，以点带面，逐步覆盖，开创了以情景案例为特色的教育培训工作蓬勃开展的局面。

在探查情景案例工作动因与机制的基础上，提炼情景案例工作基本规律，从流程运作和核心步骤等方面进一步厘清主要情景案例工作模块之间的逻辑关系，在一个平面上进行剖析与布局，形成组织特色的情景案例价值罗盘。通过四个层面阐释情景案例创造价值的演进过程，由内而外分别是核心理念、关键活动、主要工作模块和具体工作内容。

核心理念：情景案例工作化、工作情景案例化。这是组织情景案例研究工作始终坚持的方向，也是不懈追求的状态。

关键活动：规划、设计开发、交付、长效应用。情景案例工作多是以项目形式展开的，重视项目开展的主要环节，确保情景案例工作的高效运作和顺利交付。

主要工作模块：情景案例方法论、情景案例人才队伍、情景案例开发与教学、情景案例成果、情景案例应用和情景案例库建设。六个模块都是情景案例体系建设的重要组成部分，每个模块都有窄而深可挖掘的价值。入手点往往以其中 1~2 项工作作为突破口，逐渐实现工作的全面展开。六个模块之间存在多视角的关联。一般而言，从情景案例方法论入手，以拥有自己方法论或学习已有指引性方法论为起点，依次经历情景案例工作各个环节，最终完成闭环。很多时候，部分模块的建设不是孤立的，而是与其他模块建设高度相关的，如情景案例开发与情景案例教学模块往往如影相随，而情景案例汇编的积累会带来情景案例库建设的需要。情景案例工作者不能从单一视角看待具体工作，最好是从全局视野思考工作进程，在重点工作上投入力量，经过中长期积淀，实现情景案例工作的一体化。

具体工作内容：

经年积累，厚积薄发。以情景案例汇编、情景案例教学和情景案例师资训练营为驱动的情景案例体系初步搭建，会逐渐引导单位投入更大力量、聚焦更关键业务开展情景案例工作，为员工提供更优质的内容、更好的体验和带来更深刻的影响。在教育培训领域，以情景案例为特色，实现了结构性供给侧改革。

将情景案例工作作为培训领域结构性供给侧改革的重要体现。情景案例方法凭借贴近业务的选题模式、情景鲜活的文体格式、深入浅出的学习要点、循循善诱的教学形式等特性，给传统培训带来了新意，令培训工作支撑业务开展成为可能；开创了特色的情景案例研究工作法，通过情景案例师资训练营培育了坚强的情景案例人才队伍，带动了一批情景案例特色成果的生产与应用，创造了人才培养、知识沉淀和商业结果三个层面的价值。继往开来，精益求精，未来情景案例工作要坚持情景案例方法论发展与创新，坚持持续开展面向骨干的师资训练营，坚持搭建情景案例经验共享平台，坚持将业务场景搬进课堂，坚持创造多元化情景案例应用机会。

将“工作情景案例化、情景案例工作化”作为矢志不渝的坚定目标。数载耕耘，春华秋实，情景案例创造价值的理念深入人心，情景案例应用意愿显著增强，情景案例应用在工作会议、业务宣贯、教育培训、内外宣传等多个应用场景，覆盖了风险、法务、营销、“一带一路”等多个条线或业务领域，企业范围涌现了一批情景案例应用标杆实践。以情景案例为载体，情景案例创作从业务中来，取材于业务中的典型事件，生成鲜活、可推广的情景案例；以情景案例为媒介，将情景案例应用回业务中去，传播业务要求与基本经验，开展掷地有声的情景案例应用活动。当前，需要进一步树立情景案例思维，创造情景案例应用机会。特别是支持各级干部的情景案例思维，自上而下地应用情景案例方法开展工作；支持教育培训工作者建立情景案例思维，将业务语言与培训语言结合起来，通过组织各类培训工作取得实效；支持内训师队伍建立情景案例思维，通过情景案例教学活动提升学习体验，加速学习成果转化。需要拓展情景案例应用场景，情景案例主题覆盖典型业务条线，情景案例题材延伸至经营管理各个深度，实现立体化的应用场景布局。需要将工作重点从情景案例编写到情景案例应用转移，一方面要加强现有情景案例成果的产品化，服务典型人群和关键业务；另一方面要加强情景案例工作化的指导工作，平衡情景案例质量与业务价值之间的关系，构建情景案例应用长效机制。

将攻坚克难作为情景案例体系建设的不竭动力。应该看到在情景案例体系建设进程中，还存在各种各样的问题与挑战。情景案例方法与实践的复杂性，决定情景案例工作开展的复杂性和高要求。在情景案例开发工作中，众多接受方法论培训的人员还没有情景案例开发实践，大量人员无法独立开发高质量情景案例。知易行难，重在引导。需要创造情景案例使用机会，简化标准、细化模板，鼓励迈开情景案例开发的第一步，在实战中提升水平，建立信心，并增进相关经验交流互动，让创作过程不再是畏而远之的难事。情景案例教学是情景案例创造价值的重要因素，是情景案例师资训练营备受关注的主要动因，需要在培训计划中增加情景案例教学课程，需要鼓励业务领导讲故事，需要鼓励内训师在课程中增加情景案例教学元素，鼓励情景案例创作人员善于在巡讲、会议等活动中分享情景案例。情景案例汇编成果累累，但阅读压力大，与受众之间衔接偏弱，可通过视频情景案例、音频情景案例、公众号发布、定期推送等方式增加情景案例成果的传播和使用效率。情景案例库及相关机制建设，首先需要让员工了解情景案例库的存在，对情景案例资源的使用建立习惯，其次要不断完善情景案例各项机制建设，简化情景案例获取与使用程序，兼顾物质激励与非物质激励，做好信息安全管理，解决保密要求与情景案例传播的矛盾。作为情景案例管理人员，要善于从人力资源条线中寻找情景案例应用的有利条件，抓住教育培训、任职资格、表彰宣传等机会，会同业务部门一起寻找情景案例应用场景的业务触点，创新情景案例主题活动模式，有策略、有步骤地推进情景案例工作有序展开。开发中青年员工的潜力与干劲，培养为情景案例建设队伍的中坚力量。最后，尝试应用情景案例价值罗盘评估情景案例工作的成熟度和有效性。

将打破孤岛均衡发展作为未来情景案例工作的具体要求。伴随情景案例体系建设进入深水区，从无到有的问题已经解决，当前的工作重点逐渐转移到各项情景案例工作整体布局和协调发展上来。当前情景案例工作面临的主要挑战是情景案例工作点状分布，具体工作之间缺少连接，条线工作中缺少联动与统筹规划。需要打破各个模块的孤岛，实现情景案例实践全价值链的规划与实施，激发情景案例工作队伍在不同工作内容上重复贡献，绘就情景案例工作蓝图，促进体系建设一体化发展。总部当前面临的主要挑战是所辖机构发展不均衡，缺少情景案例工作深入一线的指导和急需建设有影响力的情景案例平台等问题。需要高处着眼，细处着手，全面统筹全辖情景案例工作开展。促进后发机构与先发机构的交流互动，树立内部标杆，传播颇具实效的模式与做法，激发机构情景案例建设的积极性，提高情景案例工作的覆盖面。在情景案例开发指引和情景案例教学指引的基础上，为所辖机构提供情景案例工作化的相关方法与指导。在情景案例师资训练营的基础上，发布贴近业务、更具影响力的情景案例特色产品，实现现有情景案例成果的产品化，在全辖推广使用。借助情景案例价值罗盘，推出情景案例指数，衡量企业情景案例工作均衡性与成熟度。最后，放眼行业，放眼外部，以案为媒，整合同业相关业务情景案例，整合国内外知名情景案例库优质情景案例，整合前瞻性的优质内容资源，构建内外结合、品质一流的企业情景案例库。

企业经营管理智慧的开发、应用与管理体系的研究对于企业的经营管理起着至关重要的作用。以情景案例这种生动、鲜活的形式表现企业经营管理的智慧，发现有意义的管理实践现象，总结管理实践，更好地应用于企业的经营管理中，为企业创造更大的价值。

智慧源泉

实践论

论认识和实践的关系——知和行的关系

毛泽东

马克思以前的唯物论，离开人的社会性，离开人的历史发展，去观察认识问题，因此不能了解认识对社会实践的依赖关系，即认识对生产和阶级斗争的依赖关系。

……

社会的发展到了今天的时代，正确地认识世界和改造世界的责任，已经历史地落在无产阶级及其政党的肩上。这种根据科学认识而定下来的改造世界的实践过程，在世界、在中国均已达到了一个历史的时节——自有历史以来未曾有过的重大时节，这就是整个儿地推翻世界和中国的黑暗面，把它们转变过来成为前所未有的光明世界。无产阶级和革命人民改造世界的斗争，包括实现下述的任务：改造客观世界，也改造自己的主观世界——改造自己的认识能力，改造主观世界同客观世界的关系。地球上已经有一部分实行了这种改造，这就是苏联。他们还正在促进这种改造过程。中国人民和世界人民也都正在或将要通过这样的改造过程。所谓被改造的客观世界，其中包括了一切反对改造的人们，他们的被改造，须要通过强迫的阶段，然后才能进入自觉的阶段。世界到了全人类都自觉地改造自己和改造世界的时候，那就是世界的共产主义时代。

通过实践而发展真理，又通过实践而证实真理和发展真理。从感性认识而能动地发展到理性认识，又从理性认识而能动地指导革命实践，改造主观世界和客观世界。实践、认识、再实践、再认识，这种形式，循环往复以至无穷，而实践和认识之每一循环的内容，都比较地进到了高一级的程度，这就是辩证唯物主义的全部认识论，这就是辩证唯物论的知行统一观。

典范研究

情景案例在银行

神州银行情景案例指数构建实践探索

情景案例指数是应用情景案例价值罗盘评价得出的情景案例工作的成熟度。将企业情景案例价值罗盘的具体工作内容项用显性化的指标进行显示，便于做出清晰的判断。当前，全辖情景案例工作刚刚从起步阶段进入常态化，部分分行刚刚起步，大部分分行缺少丰富而翔实的现象级数据进行支撑。将指标简化为三个层次：工作未开展、工作已开展和工作获得总行认可。依次的赋值为：没有开展该项工作得 0 分，已经开展该项工作得 1 分，开展该项工作并获得总行认可得 2 分。如在考察分行是否刊发了情景案例汇编时，需要考察是否已经刊发以及是否已经入选总行汇编。当前，用最简化的方式可以评估分行情景案例工作的启动情况和现有成果（见表 5-11）。考虑到当前情景案例工作的重点和不同维度的紧迫程度，将二级维度划分为不同的权重，权重汇总为 100 分，根据 0、1、2 三层次打分模式，最高得分为 200 分。

表 5-11　情景案例指数

<table>
<tr><th></th><th>一级维度</th><th>二级维度</th><th>比重（%）</th><th>打分（分）</th></tr>
<tr><td rowspan="2">1</td><td rowspan="2">情景案例方法论</td><td>秉承总行标准方法</td><td>5</td><td rowspan="15">开展该项工作并获得总行认可得 2 分；
已经开展该项工作得 1 分；
没有开展该项工作得 0 分</td></tr>
<tr><td>本地应用理论创新</td><td>5</td></tr>
<tr><td rowspan="2">2</td><td rowspan="2">情景案例人才队伍</td><td>情景案例团队构建</td><td>10</td></tr>
<tr><td>情景案例师资训练营</td><td>10</td></tr>
<tr><td rowspan="2">3</td><td rowspan="2">情景案例开发与教学</td><td>情景案例开发</td><td>10</td></tr>
<tr><td>情景案例教学</td><td>10</td></tr>
<tr><td rowspan="3">4</td><td rowspan="3">情景案例成果</td><td>情景案例汇编</td><td>5</td></tr>
<tr><td>情景案例课程</td><td>5</td></tr>
<tr><td>多媒体情景案例</td><td>5</td></tr>
<tr><td rowspan="3">5</td><td rowspan="3">情景案例应用</td><td>培训</td><td>5</td></tr>
<tr><td>工作会议</td><td>5</td></tr>
<tr><td>宣传</td><td>5</td></tr>
<tr><td rowspan="2">6</td><td rowspan="2">情景案例库建设</td><td>平台建设</td><td>10</td></tr>
<tr><td>运营管理</td><td>10</td></tr>
<tr><td colspan="3">合计</td><td>100</td><td>200</td></tr>
</table>

情景案例指数的应用，可为分行的情景案例体系建设带来三个方面的价值：一是建立全局观，改善当前工作聚焦在点的特点，以点带面，条块结合，构建立体化的情景案例应用体系；二是照镜子找差距，分行可以看到自身还无法拿到 2 分的工作，分析缺项工作的必要性，陆续启动相关工作；三是促进分行之间的交流与竞争，情景案例指数展示了不

同分行的成熟度和优势工作，分行之间增进了解，交流相关经验，同时加快自身情景案例体系建设，在分行间营造良性竞争、共同进步的良好氛围。

情景案例指数旨在促进分行全面启动情景案例工作，实现全辖情景案例工作覆盖率，实现分行情景案例工作从无到有。情景案例指数的重要指标可由研修院根据业务需要和情景案例体系建设进程进行更新设置。未来情景案例指数的应用可从三个方面不断优化：一是增加评分层级，从 0、1、2 三个层级延展到四级评价；二是增加业务导向的指标，从情景案例建设成熟度评价演化为情景案例支撑业务成熟度评价；三是在工作量上进行规范，不再限定于有无的问题，而是体现出多少的差异，让做一次和持续做产生不同的评价效应，倡导情景案例工作化的新常态。

将情景案例价值罗盘在业务环境下进行使用，以项目为驱动，由情景案例运营人员担任项目经理，充分考虑战略驱动要求、条块业务要求和岗位提升要求，基于罗盘的核心内容开展情景案例特色的主题活动，用情景案例承载业务要求、标杆实践和关键经验，用情景案例影响员工、培养员工和呈现成果，逐渐实现多元化价值。在工作中融入情景案例元素，在工作中建立情景案例思维，在工作中应用情景案例方法，最终实现“工作情景案例化、情景案例工作化”。情景案例工作的开展任重道远，需要一批批神州人不忘初心、砥砺前行。

参考文献

[1] 张文祥. 商业银行情景案例的结构设计与案例教学研究[J]. 杭州金融研修学院学报，2016（7）.

[2] 中共中央文献研究室. 毛泽东农村调查文集[M]. 北京：人民出版社，1982.

[3] 毛泽东著作选读编辑委员会. 毛泽东著作选读（乙种本）[M]. 北京：中国青年出版社，1964.

[4] 黄志凌. 金融危机扰动下的趋势思维[M]. 北京：人民出版社，2017.

[5] 史蒂芬 • 柯维. 实践 7 个习惯[M]. 陈允明，等，译. 北京：中国青年出版社，2010.

[6] 张鼎昆. 行动学习：再造企业优势的秘密武器[M]. 北京：机械工业出版社，2005.

[7] 肖刚. 百年中行新变革：市场化与人本化的人力资源管理[M]. 北京：中信出版社，2011.

[8] 杰隆 • 博格，艾菲德 • 罗伯茨，黄智颖. 商业案例实战训练指南[M]. 上海：复旦大学出版社，2011.

[9] 张惠辛. 品牌定位方法[M]. 上海：上海财经大学出版社，2006.

[10] 何志毅. 中国最佳商业案例（2010）[M]. 上海：上海交通大学出版社，2010.

[11] 何志毅. 中国最佳商业案例[M]. 西安：陕西师范大学出版社，2003.

[12] 彭剑锋. 汇丰：全球金融常青树[M]. 北京：机械工业出版社，2010.

[13] 拉姆·查兰. 高管路径：轮岗培养领导人才[M]. 徐中，译. 北京：机械工业出版社，2013.

[14] 黄铁鹰. 海底捞你学不会[M]. 北京：中信出版社，2011.

[15] 凯利·麦格尼格尔. 自控力：斯坦福大学最受欢迎心理学课程[M]. 王岑卉，译. 北京：印刷工业出版社，2012.